日利1%

FX

鉄壁の不動心トレード

プロトレーダー
NOBU塾

KADOKAWA

はじめに
FXはトレーニングすれば誰でも勝てるようになる

　FXは2年以内に98%のトレーダーが退場すると言われています。

　今、この本を手に取ってくれている皆さんの中にも、一度は「自分は向いていないのかも」「やめてしまおうか」と思ったことがある方がいらっしゃるのではないでしょうか。

　せっかく張り切ってFXを始めたのに、多くのトレーダーたちが退場を余儀なくされてしまう理由として、一般的には「トレードで負けて資金がなくなったから」と説明されます。

　損切りができずに強制ロスカットされた、高いレバレッジで取引して失敗した、"コツコツドカン"で積み上げた利益が吹き飛んだ、などといった経緯で資金を失って、取引を続けられなくなったというわけです。

　いずれも典型的な負けパターンであり、FXの世界から足を洗うにはもっともな理由に見えますが、僕はちょっと違うと思っています。

　そもそも、FXのことをギャンブルだと考える人は多いのですが、もしそうであればもっと依存性があってもいいはずです。実際、パチンコやパチスロの世界ではどんなにこっぴどく負けても、給料が出るたびにホールに足を運んで同じことを繰り返す人がたくさんいます。

　FXも同じようなギャンブルだとしたら、一度は資金を失っても、「次こそは」と何度でも帰ってきて、周囲の人がどんなに止めてもやめられないという状態になる人がたくさんいるはずです。

　しかし実際は、多くの人が自らFXはもうしないと決めて、二度とチャートを見ることはありません。

　この違いはいったい何なのでしょうか。

　それは、FXにはパチンコのように「次こそは勝てるかも」というひとすじの希望さえ与えることなく、「自分には向いていない」「難しくて勝て

ない」と信じさせる仕組みがあるからなのです。

　FXにチャレンジする人のほとんどは、儲けたいと思っています。

　さすがに最初から簡単に大儲けできるほど甘い世界だと信じる人は少ないと思いますが、トレード手法やテクニカル分析をある程度覚えれば勝てると思っている人が大半です。

　しかし現実は、何度かはビギナーズラックを経験しても、そのうち勝てなくなって多くの人が失意のうちにやめていきます。

　それも当然です。なにしろ、時間をかけてチャートとにらめっこし、ファンダメンタルズの勉強もしたのに、利益を出せなかったばかりか損失を出してしまうのですから。

　お金を失っただけでも悔しくて悲しいのに、時間まで無駄にしてしまうことを繰り返していては、ショックから立ち直ることは難しいでしょう。

　多くのトレーダーは、こうした厳しい現実に、耐えることができません。やればやるほどお金と時間を失うのですから当然です。よっぽど変な人か、トレードそのものが楽しくて負けても気にならないような人でないと続けることはできないでしょう。

　現実に僕自身も、継続して利益を出し続けられるようになるまでに6800万円もの損失を出しました。それでもFXをやめずに継続できたのには、理由があります。

　それは、「あきらめずに練習を続ければ必ず勝てるようになる」と知っていたからです。

　逆にいえば、それを知らなければ、継続することはできませんでした。趣味や休息の時間を犠牲にしてトレードに時間を費やしたのに、お金が増えるどころか減っていく「逆給料」状態が起こっていて、それがいつまで続くかまったくわからない状態では、普通の神経を持った人間であれば足を洗うという決断をするでしょう。

　FXには必ず勝てる成功法則はなく、常に勝ち続けられるシステムもな

いので、今日始めて明日から勝てるトレーダーになることは不可能です。しかし、1～2年、適切なトレーニングを続ければ、誰でも勝てるトレーダーになることができます。

さすがに「秒で億を稼ぐ」という荒っぽい稼ぎ方を継続するのは困難ですが、**日利1％、月利に換算すると20％（月20営業日で換算）、年利だと240％程度の利益を継続して出し続けることは、誰にでも可能だと考えています。**

それには天賦の才能も、類まれな集中力も、スポーツ選手並みの瞬発力もいりません。**必要なのは足し算と引き算ができる算数の力と、トレーニングを継続していこうとする覚悟だけです。**

多くのトレーダーはこのことを知らないために、必要な経験を積む前に損失を出し過ぎてしまい、「自分には向いていない」とあきらめてしまうのです。

僕は、多くの人がこのことを知らずに挫折してしまうのを残念に思ったこと、そして自分に万一のことがあったときでも、二人の幼い息子たちが将来正しいFXトレードを学べる教材を残すことを目的に、2019年12月にYouTubeチャンネル「NOBU塾」を開設しました。

おかげさまで、約20万人もの人がチャンネル登録してくださり、多くの視聴者が動画を見てくれています。

本書では僕のトレード手法やトレーニング方法などのノウハウを体系的にまとめ、これまでのプロセスで得た気づき、そして最短距離で勝てるトレーダーになるための必須の知識を余すことなくお伝えしていきます。
もちろん、動画では公開していない手法やノウハウも数多く収録しました。また、心が乱れたときに立ち返っていただきたい偉人たちの言葉も章末に掲載しています。

この本で紹介しているトレーニング方法は決して楽なものではありませんが、継続すれば誰でも僕のように仕事を辞めて専業で家族を養っていけ

るようになります。もちろん、本業の収入を補う副業として、あるいは定年後の安定収入を得ていくことも可能です。

　FXはギャンブルではありません。**運を天に任せる取引を続けていればいつかは資金を失いますが、地道に練習を続けることで誰でも勝ち続けられるようになります**。そのことを知っただけでも、あなたは他の新人トレーダーよりもはるかに大きなアドバンテージを得たことになります。

　勝ち続けられるトレーダーになるためのトレーニング方法と取引の極意を学び、お金の不安から解放されましょう。

NOBU塾

第 1 章
なぜ日利１％なのか

第 2 章
日利１％FXのトレード手法

第 **3** 章

生き残るトレーダーに
なるための
実践トレーニング

第 **4** 章

ファンダメンタルズ投資で知っておくべきこと

第 **5** 章

プライスアクションを
制する者はFXを制す

第 **6** 章

相場で生き残るための デイリールーティン

終章

すべて「逆」の感覚を
身に付けよう

全ては完全に自己を忘れ、

無 心 になって

出来事に適応することにかかっている

弓道家

阿波 研造

『新訳 弓と禅 付・「武士道的な弓道」講演録 ビギナーズ 日本の思想 』
(KADOKAWA) オイゲン・ヘリゲルの阿波研造の解説より

なぜ日利1％
なのか

▶ トレーダーの仕事は稼ぐことではない

"日利1%のFXトレード"と聞いて、皆さんはどんな感想を持つでしょうか。

「FXなのにたったそれだけ？」と思う人もいるでしょう。ゼロに近い水準が続いている銀行預金の金利に比べれば相当高くはありますが、有名なFXトレーダーの中には年間数億円を稼ぎ出す人や、都心のタワーマンションに住んで高級車を乗り回している人もいるほどで、こうした人たちの稼ぎっぷりを見ていると、ずいぶん地味に感じてしまうかもしれません。

かくいう僕も、かつては同じ考えを持っていました。「お金はあり過ぎて困ることはないし、なるべくたくさん稼いだほうがいいに決まっている。トレーダーの仕事は、1円でも多く稼いで、資金を何倍にも膨らませて、一生遊んで暮らせるぐらいのお金を得ることなのだ」と信じて疑いませんでした。

しかし、こうした考え方にとらわれている限りは、長く勝ち続けるトレーダーになることはできません。それどころか、ほとんどの資金を失い破滅を招くということに気づくまで、15年ぐらいの月日を要しました。

FXは究極的には上がるか下がるかの世界なので、何の知識や経験を持たない人であっても、確率論として、半数は初めてのトレードでも勝つことができます。さらに4分の1の人は、2回続けて勝つことができます。そして8分の1の人は、3回続けて勝つことができます。

しかし、こうした運を天に任せるトレードをしていたら、よほど強運な人でない限りいつかは負けて資金がなくなります。そのことに気づいた多くのトレーダーたちは、勝率を高めるために勝てる手法を探したり、値動きを予想するためのチャートパターンを学んだりしているわけです。

それでも、こうした努力を重ねた人が必ず勝っているというわけでもあ

りません。勝ち続けているトレーダーの手法を真似してみたり、経済ニュースやチャートとにらめっこして懸命に学んだりしているのに、それでも負ける人が大勢いるのはなぜでしょうか。

　それは、自分の仕事を「稼ぐこと」だと勘違いしているからです。

　大金を稼ごうと思っていると、そのためにトレードをたくさんこなそうとするので、取引ツールにログインした瞬間からトレードを始めてしまったり、損失を出した直後に軽率なエントリーをしてしまい損失を拡大させてしまったりします。

　初心者トレーダーの多くは、勉強すれば「いつでも」チャートを読んで値動きを予測できると思っています。しかし実際の為替相場の動きはほとんどが不規則で、1秒後にどうなるかはまったく予測ができません。そういうときにトレードをすると、結局は運を天に任せる取引になってしまうので、いつかは資金がなくなります。

　では、勝ち続けているトレーダーは、どうやって確率に振り回されないトレードができているのでしょうか。実は不規則な相場の中で、ときおりわずかに規則的な動きが現れています。

　僕の印象としては、8割ぐらいの値動きはまったくのランダムで先の予測ができませんが、2割ぐらいは数秒から数分先の値動きが読める局面があるのです。

　勝ち続けているトレーダーは、こうした「読める相場」が到来するのを根気強く待って、そのタイミングだけに絞って取引しているのです。だから勝率が高いのです。

　ですから、彼らは1日中トレードをしたり、ログインした瞬間にエントリーしたりするようなことはありません。むしろ、チャートを見ているだけ、取引の機会を待っているだけという時間がほとんどで、取引ボタンをクリックすることはとてもまれなのです。

　読める相場はいつ現れるかわかりませんし、出てきてもほんの数秒で終

わってしまうこともあります。しかも、丸1日待ち続けても必ず出会える
とは限らないので、「稼ぐのが仕事」と思っていると、何もしないまま時
間だけが過ぎていくことに我慢できなくなってしまいます。

　だから、不規則な相場でトレードし、運を天に任せてしまうのです。

　**確率に支配された不規則な相場で勝負すれば、いずれ資金を失うのは当
然のことです。**

▶ 稼ぐことをやめた瞬間、稼ぎ続けられるようになる不思議

　勝てるトレーダーになりたいのなら、マーケットに向き合う目的を「稼
ぐこと」にしてはいけません。

　そうはいっても、稼ぐ必要がまったくないのにトレードをしようという
人はいないはずです。だったら何を目的にすべきなのでしょうか。

　それは、「生き残ること」です。決して大儲けは狙わず、トレーダーと
して1日でも長く、生活を維持していくことを目標とするのです。

　この「生き残る」ということを具体的に数値化したのが、日利1％です。
大儲けを狙わず、それでも毎日の暮らしには困らない程度の生活費や、給
料に少し上乗せできる程度のお小遣いをマーケットからいただくというイ
メージです。

　**トレードをするのが月20日とすると、月利では20％となり、年利では
240％です。1年で元手を倍以上にできるのですから、これでも十分すぎ
る成果だと思いませんか。**

　僕の場合は300万円を元手に、その1％である3万円を1日の利益の目
安にしています。月収に換算すると60万円で、利益にかかる約20％の税
金を払った手取りは48万円。贅沢な生活ができる額ではありませんが、
家族を養っていくには十分な金額です。

　大儲けを狙っていたころは、月の利益の変動が激しく、大儲けできた月
もあれば大損を出す月もありましたが、生き残ることを目的とする日利

１％トレードを始めてからは安定した利益を出し続けることができています。

日利１％にあたる３万円の利益を出したら、その時点でその日のトレードは終わりにします。どんなに調子が良くても、それ以上の利益を取りに行くことはほとんどしません。

調子づいているときはどうしても、「今のうちに明日の分まで稼いで、明日はゆっくりしよう」などといった欲が出てしまいがちです。

しかし、こうした欲望はチャンスではない局面でのエントリーや損切りの遅れにつながりやすく、生き残りを目指すトレーダーにとってはまさに大敵です。

結果的にその日の利益を全部吹き飛ばしてしまったり、それ以上の損失を被ったりしてしまう事態に発展しやすいのです。「もっともっと」という気持ちには際限がないので、**一定の目標を達成できたら、さっさとその日のトレードを終了させる姿勢が必要なのです。**

▶ 稼ぎたいという果てしない欲望が、敗北を呼ぶ

ですから、１％稼いだら、その日は終わり。機械のように淡々とスマホやPCをシャットダウンすることで、大儲けして興奮したり、一転大損して大ショックを受けたりすることもなくなります。メンタルが安定して翌日に悪い影響を残すこともなくなり、また翌日から淡々と１％の利益を重ね続けることができるのです。

「FXで儲けたい」という考え方をスイッチし、億万長者を狙うことをやめるだけでも、眼前にはまったく違う景色が広がり、相場の世界で生きていくための新しい道が開けてくるのです。

この日利１％という数字は、かつて欲にまみれて大きな損失を重ね続けてきた僕が、「稼ぎたい」という欲望を抑えて勝ち続けるためにたどり着

いた目標の上限です。

　ですから、0.5％のように、１％より低い目標を設定する分にはいっこうにかまいません。会社に勤めているなどほかの収入源があるうちは、目標は低く設定するほうが、より欲望に振り回されにくくなるのでむしろお勧めです。

　ちなみに１日１％といっても、資金の額を大きくすれば利益を増やすことができるので、「早く種銭を1000万円まで増やして、１日10万円稼ぎたい」という人も出てくるでしょう。

　僕に言わせれば、それもトレードの質を大きく下げる欲望であって、その欲望のままに種銭を増やしていくといつか失敗します。僕の場合、増えた資金はすぐに引き出して、種銭は増やさないようにしています。

　トレードをするのは稼ぐためではなく、生き残るため。それを明確化すると、必要以上に稼ぐ必要がないので、よくわからない局面でエントリーをする必要がなくなります。

　チャンスが来るまで十分待って引き付けたエントリーをすることができるので、トレードの勝率は劇的に上昇し、値幅も取れるようになっていきます。

▶ iDeCoやつみたてNISAはローリスクという誤解

　FXには数か月から数年という長期にわたってポジションを持ち続ける長期保有から、数日から数週間持つスイングトレード、１日で取引を終わらせるデイトレード、そして数秒から数分で完結させるスキャルピングトレードと、さまざまな時間軸で取引をしているトレーダーがいます。

　一般的には、長期保有が最もリスクが低く、保有期間が短くなるほどリスクが高まると考えられていて、スキャルピングトレードにいたってはギャンブラーがやることだと思われているようです。

　確かに、アベノミクスが始まった2012年末ごろに米ドル円や米国株を買って10年ほったらかしにしていた人は、何もしなくても今ごろは大きな利益を上げてウハウハしていることでしょう。このことをもって、「やはり長期保有が最強だ」と感じている人もいるかもしれません。

　しかしこれは、たまたまこの10年で大きく円安や株高が進行したからそうなっただけの結果論に過ぎません。**もし逆の方向に動いていれば、10年かけて大きな損失を育て上げていたことになります。**そして、次の10年をさらに待ち続けたとしても、回復できる保証はありません。

　僕はかつて野村證券に勤務しており、企業型確定拠出年金を担当していた時期がありました。企業型確定拠出年金は、この制度を採用する企業で働く人たちが、自分で日本株や外国株などを対象とする投資信託の中から投資先を選んで退職金を積み立てていく長期積み立て投資です。

　最近はiDeCo（個人型確定拠出年金）が有利な老後資金形成法として注目されています。iDeCoは自分で積み立て資金を出すのに対し、企業型確定拠出年金は会社がお金を出してくれるという点が異なりますが、基本的な仕組みは同じです。

　当時、この制度を利用して何十年も積み立て投資を続けてきた担当企業のベテラン社員の退職金が、2008年のリーマンショックによる株価の大暴落でいきなり40％も減ってしまったのを目の当たりにしました。

　当時は僕自身も、長期の積み立て投資はリスクが低いと考えていて、顧客にもそう説明してきただけに、大きな衝撃を受けました。

　この暴落の渦中で退職を迎えた人は、たまたま悪い時期にあたって退職時の資産がほぼほぼ半減しましたが、この年に入社して積み立て投資を始めた人は今ごろ大きな利益を出しているでしょう。

　積み立て投資や長期投資を否定するつもりはまったくないのですが、これらの手法は常に自分ではどうすることもできない外部環境に結果が左右されやすい投資であることは、疑いようのない事実なのです。

以前、老後の生活には夫婦で2000万円の蓄えが必要であるとする内容のレポートを金融庁のワーキンググループが発表したことが波紋を呼びました。

　それを契機(けいき)に、それまで投資経験がまったくなかった人が、iDeCoやつみたてNISAで長期積み立て投資を始める例が増えています。それはおそらく、「短期投資はリスクが高いが、長期投資は安全」という思い込みから来ているのでしょう。

　しかし、僕は証券会社時代のこの経験を通して、**自分で結果をコントロールできない長期投資に依存し過ぎるのは危険**だと確信するようになりました。

▶ スキャルピングトレードはローリスクな取引である

　株であろうと為替であろうと、価値が変動する資産は長く保有するほどこうした「たまたま」の影響を大きく受けることになります。

　保有期間が長いほど値幅も大きくなるので、うまくいけば莫大な利益を期待できる反面、取り返しのつかないレベルの損失を出す可能性も高まります。

　それでもあきらめずに待ち続ければ結果的に含み損が消えることもありますが、やはりそれは「たまたま」であり、待てば待つほど損が膨らむこともあります。

　逆に、保有する時間を短くするほど、「たまたま」の影響を小さくでき、自身でコントロールできる裁量が増えていきます。**要するに、保有する時間が短いほどリスクは小さくできるのです。**もちろん、損切りは増えますが額が小さいので、リカバリーも容易です。

　長期投資はどうしても相場に運命をゆだねざるを得ないのに対し、リスクのコントロールが容易なスキャルピングトレードなら、環境に依存することもなければ、「上がってくれ」などとお祈りする必要もありません。

ただ、チャンスを待って値動きのクセを利用して利益を出し続けるのです。

スキャルピングトレードのメリットはまだあります。わずかに現れる規則性のある相場を見つけて、そこで勝ち続けていくには経験の蓄積が必要ですが、**スキャルピングトレードでは、デイトレやスイングトレードと比較して圧倒的な経験値を稼ぐことができます。**

スキャルピングの場合、分刻み、秒刻みのトレードを繰り返すのでチャンスが多く、圧倒的な場数をこなせます。数か月トレーニングを続ければ、相当のパターンをこなすことができ、経験を積み重ねることができます。

それに比べて長期投資やスイングトレードだと、さまざまなパターンの相場を経験して知見を蓄積するには膨大な時間がかかってしまいます。

中長期的な視点で見れば、同じような相場は数か月から長い場合は数年も続くので、1年くらい日足や週足チャートを見続けても、経験値はさほど溜まっていきません。

数年後に市場の雰囲気がガラッと変わってしまえば、また新しい相場への対応を訓練しなければならないことになります。

チャートを見ながら短期取引を繰り返すことは株でも可能ではありますが、**24時間取引可能なFXのほうがチャンスは多く、昼間に働いている人でも取り組みやすいというメリットがあります。**

また、株式市場は上昇すればみんなが儲かり、下落すれば多くの人が損をするプラスサム、あるいはマイナスサムの市場なので、何を買っても儲からないという局面にぶつかることがあります。

しかし、ゼロサムゲームの世界であるFXには、いつでも儲かるチャンスがあります。また、米ドルやユーロ、日本円といった主要通貨の場合は取引の規模が巨大なので、株のインサイダー取引のような不正が起こりにくく、実力だけで勝負ができます。

こうしたことから、数秒から数分で取引を終えるFXのスキャルピングトレードが、最もリスクの小さい取引だといえるのです。

▶ スキャルピングトレードは「老後2000万円問題」を解決する

「FXトレード、特にスキャルピングのような取引には高い集中力と瞬発力、反射神経が必要で、若い人にしかできないのでは？」と質問されることがあります。

実際、FXトレードは若い人の独擅場であるかのようなイメージは強く、億トレーダーとして知られる人のほとんどが20代や30代の若年層です。

FXにはさまざまな手法があるので、中には若いうちしかできないような手法もあるかもしれません。しかし、少なくとも僕の手法はすぐれた反射神経など必要としませんし、身体が衰えたところでうまくいかなくなるものでもありません。

むしろ、自分の中の欲望や恐怖心、焦りなどの感情と戦うことがメインなので、年齢を重ねた人のほうが自分の感情をコントロールしやすい分、早くマスターできる可能性もあるほどです。

中高年のトレーダーは、SNSで発信したりメディアに登場するような目立つ行動をする人があまりいないだけで、高齢でも利益を出し続けている人は実はたくさんいます。

FXで得た利益は課税対象なので、原則として毎年確定申告して利益の約20%の税金を納めなければならないのですが、これを怠って脱税容疑で国税局に強制調査（査察）を受けたり、告発されたりするトレーダーのニュースは後を絶ちません。

過去のニュースを調べてみればすぐにわかることなのですが、利益の納税を怠って告発された人が、70代や80代であることは意外とよくあることで、50代や60代というケースも見られます。

お金は使ってしまえばなくなりますが、トレードのスキルを身に付ける

ことができれば、そのスキルは死ぬまで自分を助けてくれます。

　たとえ衰えて思うように体が動かせなくなったとしても、身に付けたスキルに従ってスマホを操作できる限り、生活費を稼ぎ続けることができるのです。

　賛否両論はあるでしょうが、こうしたことから、僕はFXが「老後2000万円問題」を解決する有力な手段になると確信しているのです。

　残念ながら、今日始めて明日から稼げるトレーダーになれる方法はありませんが、トレーニングを続けさえすれば、誰でも日利１％の利益を出せるトレーダーになることはできます。

　トレーニングは少し大変ではありますが、それで一生食いっぱぐれる心配がなくなるのですから、そのぐらいは許容すべきだと考えています。

　そもそも、どんな仕事であっても先輩社員の手を借りずに利益を出せるようになるには２〜３年はかかるものですし、そもそも自分一人では稼げない仕事のほうが多いと感じます。一人で稼げる仕事であっても、独り立ちするにはもっと長い時間を要する場合もあります。

　FXもこうした職業と同じように生活費を稼ぐ手段なのですから、そのぐらいの修業は不可欠だと感じるのです。

私と争おうという気持ちを起こした瞬間に、

敵はすでに敗れている。

私は**無抵抗**が故に、初めから勝っているのだ。

邪気がある人間、

争う心のある人間は、

初めから負けているのである。

合気道創始者
植芝 盛平

『武産合氣 ― 合気道開祖・植芝盛平先生口述』
髙橋英雄（白光真宏会出版局）より一部改変

第2章

日利1％FXの
トレード手法

▶ エントリーポイントを探してはいけない

　FXのトレード術は世の中にたくさん出回っています。書店にもネット上にもたくさんの手法が紹介され、販売されています。

　高い勝率で、効率的に利益をあげられる手法に出会えれば、億万長者になれる、あるいは会社を辞められる、と夢見るトレーダーたちがいるのです。

　SNSなどで人気の億トレーダーやカリスマトレーダーたちは、いったいどんなところでエントリーしているのか、多くの人が高い関心を持っているでしょう。

　しかし、僕に言わせれば、勝てるトレーダーになりたいのなら、こうした発想そのものを転換する必要があります。

　トレーダーは勝てるエントリーポイントを探したり、どこでエントリーしようかと血眼になってチャートを見つめたりしてはいけません。

　そうではなく、「どこでエントリーしないか」をひたすら探し、覚え続ける必要があるのです。

　FXのトレード手法は、3つの要素で構成されます。

　第一に、どこでエントリーするか、第二にどこで利益確定するか、そして第三がどこで損切りするか、という要素です。

　初心者にとってチャートはなかなか難解なものですが、ある程度知識や経験を持つトレーダーは、チャートを見るとあらゆる局面がエントリーチャンスに見えてくる傾向があります。

　なにしろ、さまざまなテクニカル指標が教えてくれるエントリーのシグナルやチャートパターンは星の数ほどあるので、極論すればどんな値動きでもエントリーする理由をこじつけることができるのです。これが質の悪いエントリーの乱発を引き起こし、損失につながってしまいます。

そして、エントリーポイントを探すことで生じる最も大きなデメリットは、エントリーできないことがストレスになってしまうことです。

　人は誰でも、早く今日の利益目標を達成して安心したい、早くトレードを終えてのんびりしたいと思ってしまうものです。それなのに、エントリーのチャンスが見つからずに時間ばかりが経過してしまうと、チャートを見ている時間が無駄になってしまう、このまま何もせずに１日を終えたくない、という思考に陥ってしまいます。

　これもやはり、軽率なエントリーの乱発につながってしまい、勝率を大きく下げる要因になってしまうのです。

▶ エントリーの数が増えると、本当のチャンスで勝つことができない

　エントリーは勝率の高い局面だけに絞り込んで行う必要があり、上がりそうとか下がりそうといった安易な理由で乱発するのは厳禁です。

　エントリーできる条件に合致し、さらにエントリーしてはいけない条件にふれていないかを慎重に確認したうえで、**少数精鋭のトレードを行わなければなりません**。

　安易にエントリーを増やしてはいけない理由はまだあります。

　トレードは走ったり体力を使ったりするわけではありませんが、エントリーや決済をした数だけ確実に脳のエネルギーを消耗します。

　利益を出して喜んだり、損失を出して悔しがったり、どちらにも動かなくてイライラしたりしていると、気が付かないうちに疲労が蓄積することになります。

　たとえば１日の利益目標を３万円にしている人が午前中に２万円の利益を出して調子づいていたところ、夕方にそれを全部吹き飛ばす損失を出して意気消沈していたとします。

　その人はあまりの感情の振れ幅の激しさから、その時点で脳のエネルギーを使い果たしてしまっており、夜のトレードで巻き返す力など残って

いないことが多いのです。

　ただでさえ脳の疲労で判断力が鈍っているところに、一度手にした利益を吹き飛ばしてしまったショックが重なると、人はロクなことをしないものです。

　なんとか取り返そうとして軽率なエントリーをしたり、逆にこれ以上損失を出すことが怖くなってチャンスが来ているのに手が出せずに見送ってしまったりするようになります。

　要するに、エントリーを乱発し、その結果に一喜一憂すればするほど脳の疲労が蓄積し、正しいエントリーができなくなってしまうのです。

　トレードはよくも悪くも感情を揺さぶられる傾向があるので、回を重ねるごとに疲れがたまっていきます。

　一つひとつの取引にメンタルを揺さぶられないベテラントレーダーであれば、朝から晩まで冷静なトレードを続けられるでしょうが、経験の浅いトレーダーは脳の体力を無駄遣いしないことに意識を向け続ける必要があります。

　そういう意味でも、エントリーは本当に厳選した局面だけに絞り込む必要があるのです。

▶「ログイン後すぐにエントリー」は勝てないトレーダーの典型例

　以前、あるFX会社の人と話をする機会があったとき、興味深い話を聞きました。彼らはどんな投資家がどの程度の成績を残しているかの傾向を把握しています。

　その人によると、**勝てないトレーダーの典型的な行動パターンのひとつに、「ログインしたらすぐにエントリーする」というのがあるのだそうです。**

　こういう人は、常になんらかのポジションを持っていないと気が済まない、いわゆる「ポジポジ病」であり、質の悪いエントリーを乱発して勝率

を極端に下げてしまっているのだと思われます。

相場で生き残っていくためにはエントリーはひたすら保守的に、質の高いポイントだけに絞り込む必要があります。ログインした瞬間に質の高いエントリー局面が訪れることはめったにありません。

ログインしてすぐにエントリーせずにはいられないという人は、ログイン後1時間はエントリーしない、と決めてしまってもいいと思います。

実際、僕もチャートを見始めてから何時間もチャンスに出会えず、待ちぼうけを食らうことは日常茶飯事です。1時間ぐらいトレードができないからといって焦ったりイライラしたりするようでは、とても相場で生き残っていくことはできません。

1日中チャートを見ていたけれどエントリーできなかったという日があったとしても、資金を減らさず生き残ることができたと考えるべきです。

これはなぐさめでもなんでもなく、雑なエントリーをして損失を被ることに比べたら、間違いなくお金を守ることができた良い1日なのです。

ポジションを持ちたいという思いで頭がいっぱいになった状態でエントリーポイントを探していると、エントリーをしないことが大きなストレスになってしまいます。そうならないためにも、**自分の仕事は「エントリーしないポイントを探し続けること」**だと認識を改めましょう。

エントリーしてはいけない理由を探し続けて、エントリーしない時間が1時間、2時間と積み上がっていくほど、それはお金を守って生き残ることができた充実した時間だったと評価してください。

それでも、エントリーしたほうが良いと思える局面に出会ってしまったら、ほかにエントリーしてはいけない理由がないかを徹底的に探して、どうしても見つからなかったときだけ仕方なくエントリーする、という気持ちで相場に向き合いましょう。

結果的にその姿勢が、高い勝率を維持することにつながります。

▶ レンジ相場でのエントリーは厳禁

チャート上で、エントリーしてはいけない代表的な局面があります。

ひとつは、一定の値幅を往来するレンジ相場です。**レンジ相場はなぜ上と下を行ったり来たりするかというと、上に行くべきか下に行くべきか、プロトレーダーたちですら誰にもわからないからです。**

レンジの上限と下限が明確になっていて、その間を行ったり来たりしてくれるなら、上で売って下で買うことを繰り返せば誰でも勝てるように思えるでしょうが、現実はそんな簡単にはいきません。

むしろ、レンジの上限に到達したのでショート（売り）でエントリーした途端、いきなり上に貫通してしまうことは日常茶飯事です。慌てて損切りをしたら、突然反転してまたレンジの中に戻っていく、ということが頻発します。

今度はレンジの下限にまで下がったと思ってロング（買い）を入れたら、また下に抜けて同じことが起こる。レンジ相場はこのようにレンジ幅を拡大させたり縮小させたりしながら、トレーダーをあざ笑うかのように容赦なく往復ビンタを食らわせてくるものです。

こうしてトレーダーがイライラを募らせて、なんとか取り戻したいという悔しさで頭がいっぱいになったところで、逆方向に力強いブレイクアウト（株価がチャートの高値や安値を突き抜けて、値上がり・値下がりすること）を見せて振り落とすという無情な値動きも、FXあるあるです。

トレーダーが慌ててその方向に追随すると、いきなり反転するような値動きも毎日のように見られます。

レンジ相場で稼ごうとしたトレーダーは、このようにして根こそぎ資金を奪われ、自滅します。 もちろん、100％そうなるわけではなく、うまくいくこともありますが、完全にランダムな手法なのでまさしくギャンブルです。

こうしたレンジ相場は一見上下の規則性があるように見えて、実はまったくない不規則な相場なので、どんなにベテランのトレーダーであっても勝率の高いトレードはできません。**レンジ相場のときは決して手を出さず、お茶でも飲みながら勝率の高い局面がやってくるまで様子見をしているのが正解です。**

▶ 一方向に向かっている場面でエントリーしてよいか

だったら、上にぐんぐん伸びている局面や、逆にひたすら下落を続ける局面ならエントリーしてよいのかというと、実はこうした場面もエントリーしてはいけない相場です。

たとえば、力強い上昇が続いているような局面では、これから乗っても遅くはないように見えるかもしれませんが、実際は極めてリスクの高い局面です。

後から詳しく説明しますが、「もっと上がりそうだ、この上昇には勢いがある」といった主観的な思い込みで追いかける順張りエントリーはとても危険です。力強い上昇の途中に見えても、突然の暴落に転じる可能性があります。

勝率の高いエントリーには必ず客観的な根拠が必要で、値動きの勢いだけでなんとなくエントリーすると痛い目に遭うことが非常に多いのです。うまくトレンドに乗ることができれば大きな利益を出せるでしょうが、相場で生き残るためにはハイリスクな局面ではエントリーをしてはいけません。チャートを見るときは、常にエントリーしてはいけない理由はないかを慎重に探してください。

まずレンジ相場はNGで、強い上昇と強い下落局面もエントリーしてはいけない相場であり、どちらでもないことを、あるいは局面が変わったことを確認して、初めてエントリーできる可能性（局面）が浮上します。

そこからさらに、エントリーできない条件がないかを確認し、勝てる局

面特有の規則性が見えたときだけ、エントリーが許されるのです。

　そんなことを言っていたらまったくエントリーできないじゃないか、という声が聞こえてきそうですが、**その通りです。**

　僕は何時間もエントリーせずにチャートを見ているだけということは頻繁にありますし、エントリーできる局面が見つからないまま1日が終わることもあります。

　平時はエントリーしないのが当たり前で、チャートに規則性が見えたときだけ、特別に許される行動であると考えてください。

　「このトレンドは強そうだ、まだ続きそうだ」といった、根拠のない予想でエントリーしてしまう癖がある人は、それを頭と体に叩き込む必要があります。

▶ 日利1％FXは、シンプルな水平線トレードである

　では、どんなときならエントリーできるのかを具体的に紹介していきます。**僕のエントリーポイントは、ほぼすべて水平線に基づいています。**

　このため、トレードを始める前に必ず水平線を引いておくことは必須です。

　水平線は、前回高値と前回安値のほか、過去の高値や安値、要するにチャートが反発したポイントや反転したポイントがないかを見て、こうしたポイントが複数ある反発反転箇所を水平線でつないでいきます。

　過去に反転した水準である水平線は多くのトレーダーが意識する水準にもなるため、まるでUターンするかのようにその近辺で反転するという現象が起こります。

　そうなるとその水準で形作られた水平線はさらに強い水平線となり、多くのトレーダーがより強く意識するようになります。その結果、ますます重要な線になっていくのです。

　この水平線は現状の水準より上にも下にも引かれ、上にあるものは上昇

図表1：水平線を引いたポンド／円

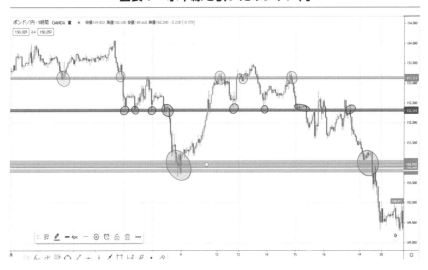

を抑える抵抗線となり、下にあるものは下落を食い止める支持線になります。昨日までは抵抗線だった水平線が、相場が上昇すると支持線に変わるということや、その逆もよくあります。

慣れない人は水平線を引くこと自体に難しさを感じるでしょうが、まずはここかな、と思えるところに線を引いてみましょう。水平線そのものに正解があるわけではありませんし、毎日引くことで精度も上がっていきます。

水平線を引くときに、ヒゲの先とローソクの本体とどちらを基準にすればいいのですか、と聞かれることがありますが、どちらでもOKです。

どちらもよく見て、引きやすい線を引いていけばいいでしょう。反転している回数が多いほど、そしてそれが過去ではなく新しい反発反転箇所であるほど、その水平線は機能しやすくなる効果があります。

145.00とか、141.40といった、10pips単位で端数がないキリのよい水準にある水平線は、より機能しやすくなります。こうしたキリのよい水準

に指値注文や逆指値注文が集まりやすい傾向があるからです。

　ただし、キリのよい水準だからといっても、ピッタリで反転することは
それほど多くありません。10〜20pips程度は貫通してから、あるいは手
前で反転するということがよくあるので、あまり安易に考えず、幅を持っ
て活用するようにしましょう。

　また、短時間足よりも長時間足の水平線のほうがより反発する影響力が
強い傾向があるので、**短い足のチャートを見ているときでも長い足の水平
線を意識することを忘れないようにしましょう。**

　たとえば5分足で取引しているときでも、1時間足の強力な水平線があ
る場合はそれを常に意識する必要があります。

　ちなみに、TradingViewというサイトのチャートツールは、長い時間
足で引いた水平線が、短い時間足にも反映されるのでとても便利でお勧め
です。この機能は無料版でも使えます。

参考：TradingView「https://jp.tradingview.com/」

▶ なぜ水平線が機能するのか

　**チャートはトレーダーの心理や取引実績、お金の動きを記録してグラフ
化したものです。**

　誰が取引したのかということまではわかりませんが、どこでどのぐらい
買った人や売った人がいて、どの人たちがどんな気持ちを持っていたかと
いった心の声が刻まれています。トレーダーはそれを確認するために
チャートを常に参照する必要があります。

　図表2のチャートの左側を見てみましょう。水色の抵抗線は何度も反転
している水準であり、この抵抗線上で売り買いする人がたくさんいること
を示しています。この水準で買っている人たちは当然上がることを期待し
ており、売っている人たちは下がることを期待しています。

図表2：水平線を軸にした大衆のトレード心理

この水色の抵抗線から一度下落し、またこの線まで戻ってきた場合、彼らはどんな気持ちでいるでしょうか。買っていた人たちは含み損を抱えてヒヤヒヤしていたところ、なんとかプラマイゼロの水準まで戻ってきたので「含み損がなくなって良かった、今のうちに決済しなくては」と慌てて売ります（決済します）。

一方、水色の水平線から売りでエントリーしていた人たちは、すでに利益を出しておいしい思いをしているので、二匹目のドジョウを狙ってもう一度売ってみようとします。

両者の行動が売りを呼んで、抵抗線にぶつかると下落するという動きが起きるのです。ちなみに、下の支持線でも、まったく逆の現象が起こっています。

ではブレイクアウトしたときはどうでしょうか。水色の水平線を上に突き抜けたとき、買っていた人たちは期待通りの動きに狂喜乱舞、さらに上にある抵抗線までは上昇を続けると期待して買い増しする人も出てきま

す。一方、売っていた人たちは真っ青、どんどん含み損が広がるので次々と損切りの買い決済を余儀なくされます。両者の買いエネルギーが合わさって、レートは上へ上へと伸びていくのです。

▶ どの時間足チャートを見てトレードするか

　トレードを始める前には、必ずチャートを確認し、直近の値動きを把握しましょう。その際は長い時間足で長期のトレンドを確認したうえで、ひとつずつチャートの時間足を短くしていって短期のトレンドまでフォーカスしていくプロセスが重要です。

　毎日トレードをするなら月足や週足まで確認する必要はありませんが、日足から4時間足、1時間足、30分足、15分足と長い時間足から順にチャートを確認し、水平線を引きながら相場の流れを把握します。

　そして、肝心の「トレードはどの時間足を使うか」というと、僕の場合は15分足、10分足、5分足、1分足のいずれかであることが多いです。ただし、トレードごとに使う時間足は異なります。

　なぜトレードに使うチャートの時間足を決めていないかというと、その日その時間によってトレードしやすい時間足が異なるからです。

　たとえば、値動きがとても大きい日は長い時間足のほうが全体の流れが見やすくなりトレードしやすくなりますが、値動きが小さい日は長い時間足だと細かな値動きが見づらくなるので、短めの時間足を使ったほうがトレードがしやすくなります。

　こうしたことは実際に水平線を引いてみれば実感できます。チャートを長時間足から短時間足へ縮小しながら水平線を引いていき、相場の方向がわかりやすく、トレードしやすい間隔の水平線が引かれた時間足の画面でトレードするわけです。

　たとえば、10分足でちょうどよい水平線が見えていればその10分足の画面でエントリーポイントを判断していきます。逆に、10分足では水平

線が密集し過ぎて値動きの方向性が読めない状況であれば5分足に切り替えます。その5分足でも密集しているようであれば、3分足や1分足を使います。逆に水平線同士が離れ過ぎているようなら、ひとつ長い時間足に戻してからトレードするという具合です。

▶ 水平線を使った「引き付けるエントリー」

では具体的なエントリーの方法を解説していきます。僕のエントリーは全部で4つのパターンがあります。**引き付けるタイプの逆張りエントリーが1パターン、追いかけるタイプの順張りエントリーが3パターンです。**

引き付けるエントリーはとてもシンプルで、支持線まで落ちてきたところでロング（買いでエントリー）するか、抵抗線まで上昇してきたところでショート（売りでエントリー）します。**水平線にぶつかると反発しやすい性質を利用したとてもシンプルなトレード**です。

この引き付ける逆張りエントリーをするときは、ここでエントリーをすると決めたらフライングすることなく、十分に引き付けてエントリーすることが重要です。

「ここまで落ちてきたらロングしよう」と決めたのに、なかなか落ちてこないとイライラしたり、待ちきれなくなってしまって、少しだけ手前で、ロングでエントリーしたくなるものですが、それは厳禁です。

十分に引き付けることができずにフライングをすると、損切りの幅が大きくなってしまううえ、それでたまたま利益が出てしまうと、そのたまたま利益が出たトレードを成功体験にしてしまい、ズルズルとルールを破る癖がついてしまいます。

ルールを破ったうえで利益が出る経験を重ねてしまうと、損切りも決めたポイントで実行できなくなり、いずれ大きな損失を被ってしまうことになります。

図表3：引き付けるエントリーのイメージ

▶ 水平線が集中している場合は分散エントリー

　図表4では、チャートの下の部分に水平線が2本あります。とても近いところに2本あるので、この水準はとても強い支持帯として機能すると考えられますが、この2本の支持線のどのあたりで買いエントリーをするかが問題になります。

　このように近距離で2本以上支持線を描けるケースでは、何回かに分けた分散エントリーをします。

　たとえば、下の支持線にぶつかったときに1回目のエントリーをして、貫通してしまったら2本目の支持線との中間地点で2回目のエントリーをして、2本目の支持線にぶつかったときに3回目のエントリーをする、というイメージです。

　この場合、ロット数を均等にするのではなく、下にいくほど多くなるよ

図表4：分散エントリーのタイミング

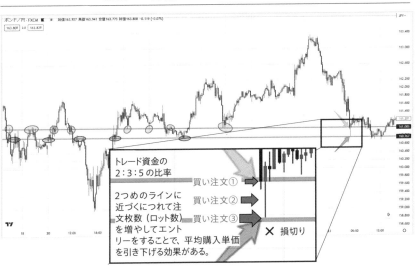

うに分散します。たとえば10ロットまでトレードできる場合なら、1回目に2ロット、2回目に3ロット、3回目に5ロットという具合です。

そのほうが平均購入単価を下げることができ、反発したときの利益を出しやすくすることができます。

そして、2回目のエントリーは1回目のエントリーポイントから、間隔を十分離しておく必要があります。分散エントリーの場合、最大ロット数に到達するまで分散エントリーを継続することで反発したときに得られる利益を大きくすることができます。

ところが、1回目のエントリーの直後に反発を開始した場合、保有しているロット数が小さいまま価格が上がっていくので利益を大きくすることができません。

このため、1回目のエントリーの後、このまま反発してしまうと「利益が小さいままで終わってしまう」と焦ってしまい、ほんの少し下がっただけで、チャンスロスを恐れてすぐに2回目のエントリーをしたくなってしまいがちです。

しかしそれを実行してしまうと、購入単価を下げる効果が小さくなり、なんのための分散エントリーかわからなくなってしまいます。

しかも、なかなか反発せずに下がり続けた場合には追加でエントリーするための資金が尽きてしまうので、そこから反発しても利益が小さくなってしまったり、反発の勢いが弱い場合に想定以上の損失を出したりしてしまうことになるのです。

ここは我慢のしどころで、2回目は十分に引き付けるという意志を強く持つことが重要です。

1回目の小さいエントリーの後ですぐに反発してしまったら、「うまくいった、利益幅は小さいけれど利益が出たのだからそれでOK」と納得する心が大切です。

「本当は10ロット買えたのに、2ロット分しか買えなかった」と思って

しまうと、その悔しさや欲望が次の正しいエントリーの邪魔をします。

　こういうときこそ、自分の仕事は儲けることではなく、生き残ることだということを思い出してください。

　ちなみに、どのぐらいの間隔で分散するのかという点については、2本の支持線の間に過去に反転しているポイントがあればそこにしますが、なければ等間隔でもいいでしょう。2回目のエントリーを早くし過ぎないことだけ意識できればOKです。

　そもそも、どのぐらい支持線が近ければ分散エントリーになるかという点は、そのときの相場環境にもよるので一概にはいえないのですが、目安としてはドル円やユーロ円であれば10〜15pips、ポンド円であれば20〜25pipsほどを目安として考えることが多いです。

▶ 分散エントリーの落とし穴

　分散エントリーにはもうひとつ、陥りやすい落とし穴があるので注意が必要です。**それは分散エントリーにしよう、と決めた途端に初回のエントリーが雑になってしまうという落とし穴です。**
「どうせ分散するから、ロットの少ない一発目は適当でいいや」と軽視しやすくなります。経験を積んで慣れてきたトレーダーほど、こうした傾向が強くなりがちなので注意が必要です。

　こうした散漫な姿勢でエントリーすると、その後ダラダラと損切りラインを決めない分散エントリーを継続してしまい、当初想定していた保有期間を超え、ギャンブル性の高いトレードになってしまいます。

　スキャルピングでは保有時間が長くなるほどリスクが指数関数的に上昇していきます。しかも、トレーダーは分散エントリーで時間をかけてつくったポジションほど執着心を感じやすく、利益確定や損切りの判断もあいまいになりがちです。

2時間もかけて分散エントリーしたのに、とそのポジションに執着するようになると、損切りすべきポイントで躊躇のない損切りができなくなります。

　その結果、損失が拡大するだけならまだマシなほうで、たまたま相場が戻って助かったりすると、次も同じように散漫なトレードをしてしまい、将来の致命的な損失につながることになります。

　分散エントリーをする場合でも、初回のエントリーを軽視することなく、真剣に考え抜いたポイントで行うことが重要です。それができないのであれば分散エントリーはせず、ポイントをひとつに集中してエントリーするほうがよいでしょう。

▶ エントリーで指値注文をしてはいけない

　トレードを始める前に水平線を引いて、このラインに到達したらエントリーして、次の線の手前で利益確定、逆に行ったらこの損切りラインで損切り、というざっくりしたシナリオを描きます。そうすると、そのままエントリーと利益確定、損切りの指値注文をしておけば何もしなくてよいのではないか、と思う人もいるでしょう。

　実際、多くのＦＸ会社ではIFO（IFD＋OCO）注文といって、エントリーと利益確定の指値注文と損切りの逆指値注文を組み合わせて注文ができる便利な注文方法があります。

　しかし、僕は絶対にエントリーで指値注文はしません。あらかじめ想定したポイントに到達したとしても、そこまでのプロセスや到達の仕方によっては、エントリーしないほうがいいことがあるからです。

　エントリーはあくまで保守的に判断する必要があるので、本当にエントリーしていいかどうかは直前まで慎重に判断する必要があります。

　１日の初めにどの水平線でエントリーするか、シナリオを立てることはとても重要なのですが、その水平線が反転させる線なのか、貫通してしま

う線なのかを最終判断するには、その水平線に到達するまでの値動きのスピードを見定める必要があるのです。

たとえば、あらかじめ決めていた引き付けるエントリーの逆張り買いポイントに、予想外のスピードで到達した場合、想定していた支持線をあっさり突き抜けてしまう可能性が高くなります。

もし指値注文を置いていると、到達までの勢いやスピード感など関係なく買ってしまうので、買った瞬間から大きな含み損を抱えることになりがちです。

勝率を少しでも高めるためには、想定したポイントにどうやって到達するかを見届けたうえで、本当にエントリーしていいかの最終確認を行う必要があります。

たとえば、図表5のパターン①のような値動きであれば、多くは反転するので、ここでショートのエントリーをしたり、ロングポジションの利益確定を行うことは問題ありません。**逆張りOKのオーソドックスな値動きです。**

一方、図表5のパターン②のような値動きである場合、上の抵抗線で上げ止まることなく貫通していく可能性が高まります。角度が急であるほど

図表5：水平線を軸にした4つのパターン

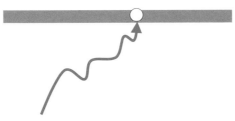

パターン ①

水平線での反転確率	85%
水平線を貫通する確率	15%

※確率は経済指標の発表などがない事例における主観です。予めご了承ください。

パターン②

水平線での反転確率　　40%
水平線を貫通する確率　　60%

※確率は経済指標の発表などがない事例
　における主観です。予めご了承ください。

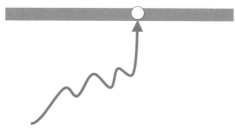

パターン③

水平線での反転確率　　20%
水平線を貫通する確率　　80%

※確率は経済指標の発表などがない事例
　における主観です。予めご了承ください。

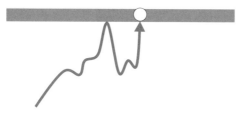

水平線での反転確率　　　5%
水平線を貫通する確率　　95%

※確率は経済指標の発表などがない事例
　における主観です。予めご了承ください。

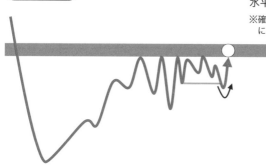

勢いが強いので、近いところにある水平線では貫通することが多く、逆張りNGのポイントになります。

こうした場合は引き付ける逆張りエントリーは見送り、もうひとつ上の水平線に価格が到達するのを待つか、後述する順張りの追いかけるエントリーの条件が整っている場合に、順張りトレードに切り替えてトレードをします。

また、図表5のパターン③のように一度は抵抗線に届きかけたのに反落し、再度同じ抵抗線にトライしてきた場合も、貫通して上がっていく確率が高くなります。しつこく一方向にトライを繰り返すほど貫通の確率は高まります。

特に、図表5のパターン④のようにその抵抗線を前回通過したときと比べて、その距離が近くなっているほどトライする間隔が近づいていき、貫通しやすくなります。**こうした値動きのときも逆張りはNGです。**

このような理由でエントリーでの指値注文は厳禁なのですが、損切りの逆指値注文はOKではあります。しかし、なんらかの理由で決済を早めなければならない事態が発生する可能性もあるので、チャートから目を離さないようにしましょう。

▶「引き付けるエントリー」の損切りポイント

僕はエントリーと利益確定は水平線で決めますが、損切りは必ずしも水平線と決めているわけではありません。**すぐ近くにある水平線を損切りポイントにしてしまうと、損切りが乱発してしまうからです。**

どんなカリスマトレーダーでも、反発や反転するポイントを1pips違わず当てるということはできません。そして、為替チャートにもある程度「遊び」があって、方向性は間違っていなくても一瞬だけ逆に動いてしまうようなことがあるので、こうした「遊び」の範囲内で損切りの逆指値につかまってしまうと、納得のいかない損切りが続発します。

また、そのような意図できない損切りが続くと、損切りルールそのもの

を軽視しがちになってしまうリスクも高まります。

　そこで、納得できる損切りというのはどのような損切りかをお伝えします。**僕が編み出した「引き付けるエントリー」をする際の損切りルールは、損切り幅を「15分足チャートのローソク足の平均的な下（上）ヒゲの長さ」＋2〜3pipsにする、というルールです。**

　15分足チャートの画面で見られるのは、だいたい7日間（1週間分）のチャートです。わざわざ全部長さを測って電卓で正確に計算する必要はないのですが、この期間のヒゲの長さを平均するとだいたいこのぐらいかな、という長さをあらかじめ出しておきます。

　この長さがエントリーポイントからの損切り幅の参考値になり、2〜3pipsほど余裕を持たせて損切りラインを設定します。15分チャートで見える下ヒゲの長さの平均が6pipsだとしたら、損切り幅は8〜9pipsの間で設定します。

　この方法だと、不本意な損切りを減らすことができます。さらに、直近2〜3日間のヒゲの長さよりも大きく超えて値動きした場合、想定を超える値動きが起きたのだと納得できて、正しいトレードを継続することができる自信にもつながります。

　また、この方法だと15分足チャートを確認するだけで損切り幅を決めることができるので、エントリーする前に自動的に損切り幅を決めた状態にすることができます。その結果、そのエントリーで許容できる損失額から、エントリーをするべきロット数を事前に決めることができるという点も大きなメリットです。

　たとえば、とあるエントリーにおける損失許容額を1万円とした場合に、損切り幅が10pipsだとしたら、10pips値動きをしたときに1万円分の損失が出るようにロット数を計算することができます。

　10万通貨であれば、10pips動いたとき1万円の損失が生じるので、このトレードにおけるエントリー時のロット数は10万通貨だと事前に決め

ることができます。

　このような損切り設定の仕方を死守することにより、ポジションを持つ前のメンタルを冷静な状態に維持することができ、結果として適切な資金管理が可能になっていくのです。

　多くのトレーダーは、今日は自信があるからフルレバレッジでエントリーしようとか、ちょっと自信がないから控えめにしようといった判断をしがちですが、こうした主観的な判断は資金管理の面で非常に危険です。

　損切りラインとの距離、要するに損切り幅でロット数を決めておくことで、1回のエントリーで許容できる損切り額を超えないトレードをすることができます。このような損失管理を継続することは相場で生き残るための大原則です。

　ちなみに、ヒゲを見る際はロングでエントリーするなら下ヒゲを見て、ショートでエントリーするなら上ヒゲを見ます。
「上も下も全部見て平均を取るんですか」と聞かれたことがあるのですが、その必要はありません。トレンドの方向によって同じチャートでも上ヒゲと下ヒゲの長さはまったく異なるので、買い注文を出すときは下ヒゲを確認し、売り注文を出すときは、上ヒゲを確認するようにします。

▶ 水平線を使った「追いかけエントリー」

　一方、値動きを追いかけるタイプの順張りエントリーは、3つのパターンに分かれます。いずれも、抵抗線を突破したところがポイントになりますが、ブレイクアウトの仕方によって、3通りのエントリー方法に分かれます。便宜上、上昇の場合を想定して解説していますが、下落の場合も考え方は同じです。

①2度目のブレイクアウト
　抵抗線を突き抜け突破する、いわゆるブレイクアウトをしたことを確認

図表6：2度目のブレイクアウトのエントリーポイント

したらすぐにエントリーするという方法は、一般的に知られるエントリー方法です。しかしこれをそのまま実行してしまうと、ブレイクアウトしたと思ったらすぐ戻ってきてしまった、というダマシにも遭いやすくなります。

　ブレイクアウトの力を確認し、勝率を高めるために、僕は最初のブレイクアウトはあえてスルーして見守ります。そしてブレイクアウトの後にダマシが生じて下落してきたときに「もうすぐチャンスがやってくる」と考えるようにしています。そして、その下落後、**再び上昇に転じて、前回のブレイクアウト時の高値を超えてきたら、エントリーします。**

　これが2度目のブレイクアウトです。ブレイクアウトした後、いったんダマシの動きが現れて、それでももう一度ブレイクアウトして前回高値を超えてきたときに、値動きのエネルギーが本物であることを確認できるのです。

　もし、初回のブレイクアウトの後で反転せず、そのまま一直線に上昇していった場合は見送って、次のチャンスを待ちます。ここで慌てて追いか

けるのは厳禁です。「ブレイクアウトを確認した時点でエントリーしておけばよかった」などといちいち悔やんではいけません。気持ちを切り替えて、次のチャンスに備えましょう。

　ただし、2度目のブレイクアウトポイント付近に、値動きの邪魔になりそうな水平線がある場合は、2度目のブレイクアウトの直後に急落する可能性があるのでエントリーは見合わせます。

②垂直ブレイクアウト（再チャレンジ成功型）

　垂直に近い角度で一気に抵抗線を超えてくるケースは、成功率が高くなります。特に図表7のように、一度は抵抗線突破にチャレンジしたけれど跳ね返され、再度のチャレンジで突破してきた場合はかなり勝ちやすいパターンです。**一度はブレイクアウトに失敗して失望を呼んだ後、急騰するというギャップが、上昇のエネルギーを強くするのです。**

　この場合は2度目のブレイクアウトを待つ必要はなく、すぐにエントリーしてOKです。

図表7：垂直ブレイクアウト（再チャレンジ成功型）のエントリーポイント

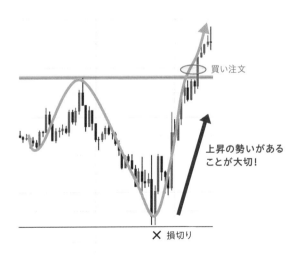

買い注文

上昇の勢いがある
ことが大切！

✕ 損切り

③垂直ブレイクアウト（突然型）

　ほぼ垂直にブレイクアウトしてくる点は②と同じですが、ブレイクアウトの直前までゆっくりした弱めの値動きをしているところが異なります。

　ジワジワと上昇していて、誰もがその調子でジワジワ上げていくのだろうと予想していたところに、突然急騰していくというギャップが、強い上昇エネルギーにつながります。こちらも２度目のブレイクアウトを待たずに、すぐにエントリーしてかまいません。

　ただしこのパターンには例外があります。１時間足チャートで25日前後のチャートを画面に映して画面の上４分の１程の天井圏でこのパターンが登場してロングする場合と、底値圏で登場してショートする場合は成功率が低いので、こういう局面ではエントリーは控えるようにしましょう。

　逆に、底値圏でロングできる局面や天井圏でショートできる局面でこの形が現れると成功率は高まります。

　ここまででお気づきの読者もいるかもしれませんが、エントリーはすべて予想と現実の値動きのギャップがある局面から生まれています。

図表８：垂直ブレイクアウト（突然型）のエントリーポイント

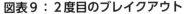

図表9：2度目のブレイクアウト

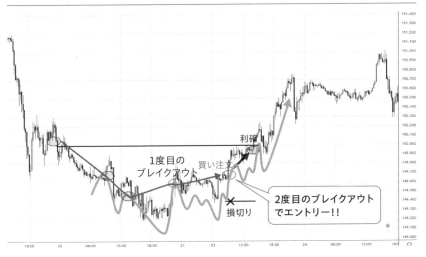

▶「追いかけエントリー」の損切りポイント

　順張りの追いかけるエントリーの損切りのポイントは、引き付ける逆張りエントリーとはまったく異なります。ロングでエントリーした場合には、エントリーしたポイントの前回安値を下回った時点で損切りです。ショートの場合はエントリーしたポイントの前回高値を超えたときに損切りします。

　なぜ、引き付けるエントリーと追いかけるエントリーで損切りの考え方が異なるかというと、**「予想と違う値動きだ」と判断できるまでの値幅が異なるからです。**

　損切りは予想した流れと実際の値動きが異なった場合に行うものです。引き付けるトレードでの損切りは、反発すると予想してエントリーしたのに反発しなかった状態での損切りなので、予想と異なる結果になったことは比較的早くわかります。

　これに対し、**追いかけるエントリーは流れが続くと見込んでポジション**

を持ったのに思うように流れが続かなかった状態であるため、引き付ける場合よりも予想が間違っていたと判断できるタイミングが遅くなる傾向があります。

　このため、追いかけるエントリーでは15分足の下ヒゲの長さを参考に決めるなどの一律の損切り幅を設ける方法はなじみません。流れにうまく乗れている場合でも、相場は上下を繰り返しながら動くのでその上下の動きの想定される値動きにひっかかって損切りしてしまったら、間違ったエントリーではないのに損切りするハメになってしまいます。

　こうした想定されている値動きの範囲内で損切りをしてしまうことを防ぐため、「追いかける順張りエントリー」のときには、前回安値や高値を突破して明確に流れが変わったと判断できたときのみ損切りするべきなのです。

　このため、追いかけるエントリーでは損切りの幅が大きくなりがちです。引き付けるエントリーよりもロット数を少なくして、損失額が大きくなり過ぎないよう厳格な資金管理が求められます。

▶ 利益確定は原則水平線の「手前」で

　では、利益確定はどうすべきかというと、こちらは逆張りエントリーでも順張りエントリーでもどちらのエントリーの場合でも共通しています。いずれも、エントリーした水準から次の水平線にぶつかる少し手前で行います。

　よく水平線にぶつかったところではないのか、と聞かれますが、僕の日利1％トレードでは原則として水平線より手前で利益を確定します。一般的には水平線にぶつかった水準で利益確定する人が多いので、その動きに先んじて早めに手仕舞いすることが重要と考えているからです。

　僕のトレードの大前提は、「エントリーは保守的に、利益確定と損切り

は積極的に」です。少しでも利を伸ばそうとすると、他の多くのトレーダーたちと同じ行動をすることになるので、勝てないことが増えてきます。儲けるためではなく、生き残るためにトレードをすることで利益が積み上がっていくわけですから、常に負けないための行動を意識しなければなりません。

「エントリーは保守的に、利益確定と損切りは積極的に」の原則に従って、利益確定は水平線にぶつかる手前で実行します。

　それではどのぐらい手前にすればいいのか、と疑問に思われるでしょうが、残念ながらこれを何pipsと言い切ることはできません。

　一般的な相場であれば、2～5 pipsぐらい手前で行うことが多いのでこれがひとつの目安にはなるのですが、こうだと決めてしまうと別の弊害が出てしまいます。

　たとえば、値動きが大きい日であれば、突然予期せぬ反転をした際の値幅も大きくなりやすいので、利益確定し損ねたまま想像と違う値動きになり、一瞬で損失が膨らんでしまうという現象が多発します。

　こういう値幅が普段より大きい日や時間には、通常より早めに利益を確定しておく必要があります。つまり、通常は2 pips手前で利益を確定していたとしても、5～6 pips手前で利食いをする対策が必要だということです。

　また、値動きのスピードによっても、判断は変わります。強い勢いで上昇あるいは下落している相場の場合は、水平線を貫通してしまうことが多くなるので、いかにも貫通しそうな勢いが見られる場合は、手前ではなく水平線にぶつかったタイミングで利益確定することもあります。

「貫通すると予想するなら、貫通した後に利益確定すればいいのでは？」と思うかもしれませんが、「利益確定は積極的に」が大原則なので、人より早く貫通する手前で利益を確定していきます。

　そのうえで、本当に貫通していった場合、条件が整っていれば順張りで

図表10：利益確定4つのポイント

①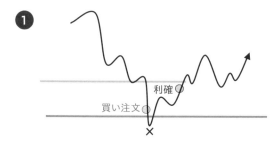

原則、利確は次の**水平線**の「**手前**」で行う

買い注文 ○
利確 ○
×

②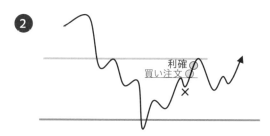

順張りエントリーも考え方は同じ♪

利確 ○
買い注文 ○
×

③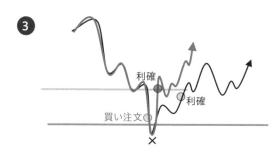

上昇スピードが速い（**垂直上昇**）ときだけ**水平線上**で**利確**する

利確 ○
利確 ○
買い注文 ○
×

④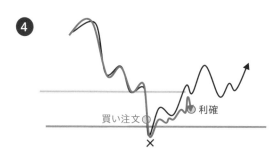

勢いが急になくなったとき（**上ヒゲの出現**）は、建値決済でもよいという感覚で逃げる！

買い注文 ○
利確 ○
×

エントリーし直すこともあります。

いずれにしても水平線はあくまで目安なので、執着するのは厳禁です。ここで反転するはずだ、と思い込むと失敗につながるので、予想と異なる値動きをした場合には損切りルールを速やかに発動させてください。

▶ トレード手法よりももっと重要なことがある

ここまで僕のトレード手法を紹介してきましたが、これをその通りに実行すれば勝てるのか、と聞かれたら、残念ながら「そんなことはありません」。さんざん手法を解説しておいてそれはないだろう、と思われるでしょうが、**手法だけでは勝てないのがトレードの真実の姿なのです。**

たとえば、RSIが20%になったら買って、80%になったら売るという手法があります。この手法そのものは、正しいです。

しかし、株式市場が下落を続けているのに、為替トレードでRSIが20%に到達したからといって買いを入れていたら、かなりの確率で損失を被ってしまうでしょう。

見ているチャートよりひとつ長い時間足チャートが下を向いているときも同様に、失敗する確率が高くなります。

多くの人はそれで、「RSIは使えないな。違う手法を試してみよう」と考えて別の手法に乗り換えるのですが、何を試してもうまくいきません。もちろん、僕の手法でトライしても当然勝てないでしょう。

なぜなら、株式市場が下落していると、為替も連動して円高になることがあるからです。長い時間足チャートが下を向いていれば、短い時間足がいつこの長時間足の下向きの流れに吸収されてもおかしくありません。

為替相場は環境に強い影響を受けるので、ひとつのチャートの値動きだけを信じるのではなく、常に環境の影響を把握したうえでトレードしなけ

ればならないのです。

　極論すれば、こうした環境認識さえしっかりできていれば、手法はなんでもいいのです。**環境を味方につけておけば、どんな手法でも決まったルールに従っている限り勝つことは可能です。**

　為替相場に影響を及ぼす環境とは、具体的に次の4つの要素をいいます。

環境認識① 取引時間

　為替の値動きは、時間帯によって特徴があるので、ランダムな値動きをしやすい時間帯には取引を避けるなど、値動きのクセを理解したうえで、うまく活用することが重要です。

9時と9時15分（夏時間・冬時間共通）：この時間帯はそれまでの値動きが急に反転しやすい時間帯なので、慣れないうちはエントリーを避けるのが無難です。特に円高方向に転じやすい傾向があるので、安易にロングのエントリーをするべきではありません。

9時50分前後（夏時間・冬時間共通）：円高方向に動く傾向があります。10日とか25日とか、5の倍数の日、いわゆる「ゴトー日」の9時55分までは輸出企業などによる実需のドル買いが集中して円安になりやすいとされています。

　その関係で、50分前後からそこまでの円安の流れの反動で円高になりやすいのです。この傾向はゴトー日以外にも見られるので利用してトレードしていきます。

　9時50分前後に、チャートの形が下落しても違和感のない形が確認できればショートでエントリーすることが多いです。

10時30分（夏時間・冬時間共通）：それまでの値動きが反転しやすい時間帯です。

11時〜14時30分（夏時間・冬時間共通）：値動きが乏しくなりやすい時間帯です。この時間にトレードしても不規則な値動きに翻弄されたり、ブレイクアウトの力が弱くレンジ相場に巻き込まれたりする可能性も高いので、割り切って休憩することをお勧めします。

15時（冬時間は16時）：欧州の株式市場のオープンを控えて、値動きが荒くなってくる時間帯です。水平線を無視したランダムな動きも現れやすくなるので、安易に逆張りエントリーはしないよう注意が必要です。

16時（冬時間は17時）：値動きが大きくなりやすく、チャンスが多い時間帯です。ただし、経済指標の発表や要人発言が多い時間帯でもあるので、その日の予定をしっかり把握しておき、経済指標などのイベントが発表される時間帯にうっかりポジションを持っていることのないようにしましょう。経済指標の発表については、第4章で詳述します。

20時〜21時30分（冬時間は21時〜22時30分）：19時を過ぎると欧州勢がお昼休みに入ります。20時ごろからリフレッシュして戻ってくるため、新しい流れが生まれやすい時間帯です。

22時30分（冬時間は23時30分）：米国の株式市場のオープンを控え、値動きが大きくなってくる時間帯です。逆張りでのエントリーは慎重に行う必要があります。

　このように難易度が高い時間帯があることを理解したうえで判断することが重要です。難易度が高い時間帯ではくれぐれも水平線に到達したというだけの理由でエントリーすることのないようにしてください。
　ちなみに僕は9時50分前後、10時30分、16時前後、20時〜21時半の反転しやすい時間帯によくエントリーをしています（夏時間・冬時間共通）。

環境認識② 他通貨

　トレードするのはドル円だけ、などと決めている人であっても、他の通貨の値動きを把握しておくことは必須です。

　特に日本円と外貨の組み合わせであるクロス円は、連動する傾向があります。ドル円が上昇していたら、ユーロ円やポンド円も上昇しやすいということです。

　このため、たとえばポンド円で水平線を見ながら買いエントリーを検討しているとき、ドル円で下落する動きが見られる場合はエントリーをいったん中止して、様子見するのが無難です。ドル円が反発する動きを見せてから、改めて検討しましょう。

　だからといって、「ドル円が上がっているからユーロ円をロングしよう」といった安易なトレードは厳禁です。基本は水平線でエントリーを検討し、その判断を実行に移していいかどうかを確認するために他通貨の動きや環境を確認するのです。

　ただ、利益確定や損切りの場合は、他の通貨の動きだけを見て行うこともあります。たとえば、ポンド円のロングポジションを持っているときに、ドル円が下方向にブレイクしたとします。

　こういうときは、ポンド円もいつ反転下落するかわからないので、あらかじめ決めた決済の水準に達していなくても、その場で決済します。「エントリーは保守的に、利益確定と損切りは積極的に」の原則をここでも徹底するわけです。

環境認識③ 株価（CFD）など他の市場の推移

　為替相場は株式市場の値動きの影響を受けやすいので、株式市場の値動きも必ず確認する必要があります。

　どこの株式市場かといえば、まずは米国の株式市場です。米ドルをトレードする場合はもちろんですが、米ドルがからまない通貨ペアであって

も米国の株式市場の影響は少なからず受けるので、どんな通貨ペアであっても米国株の値動きを確認するのは必須です。

　余裕があれば、取引している通貨の国の株式市場もチェックするといいでしょう。たとえばドル円を取引する場合、日本の株式市場が開いている9～15時の間は日経平均株価も見ておくのが理想です。

　ただ、結局は日経平均株価もNYダウ平均やNASDAQの値動きの影響を受けているので、米国だけを見ていればだいたいは事足ります。

　CFDは、Contract for Differenceの頭文字をとったもので、FXと同様に証拠金を預ける差金決済取引の一種です。日経平均株価やNYダウ、NASDAQ100に加えて、金や原油など幅広い資産に投資するCFDがあり、ほぼ24時間取引されています。

　本来なら、株式市場が開いている時間はその株式市場のチャートを見て、そうでない時間はCFDを見るべきなのですが、値動きはほぼ同じなので僕は常にCFDのチャートを表示させています。

　米国の株式市場といってもNYダウ、S&P500、NASDAQと主要な指数でも3つあります。どれも大きくは変わらないので米国株のCFDであればなんでもいいのですが、**僕はNASDAQ100を見ることが多いです。**

　近年はGAFAMと呼ばれるIT企業や半導体企業がアメリカ経済を支えている関係で、NASDAQ100の値動きが米ドルと連動することが多くなっているからです。

　連動の方向性としては、基本的には株価が上がればドル高になると覚えておきましょう。ただし、為替と株価は常に連動しているわけではなく、突然反対の動きをする逆相関になったり、あまり関係ないランダムな値動きをすることもあります。こちらについても第4章で詳述します。

　株価の動向も、他通貨と同様に、「エントリーは保守的に、決済は積極的に」を意識しながら、検討しているエントリーや決済の判断材料に使います。

環境認識④ 長時間足

　僕のスキャルピングトレードでは、5分足や1分足など短い時間足のチャートを使うことが多いのですが、長時間足は必ず確認しています。

　週足から日足、4時間足と長い時間足から順番にチェックして、大きなトレンドの方向をつかんでから短い時間足でスキャルピングトレードに臨みます。

　大きなトレンドの方向に逆らうと成功確率を下げることになるので、長時間足の流れに逆らわないというのはとても大切な視点になります。

　たとえば4時間足や1時間足で明確な下げトレンドを描いているときは、1分足や5分足でロングをしたくなる形をしていたとしてもそれは見送り、売りからエントリーできる局面が来るのを待ちます。

　日足や4時間足の方向性がその日のうちに変わることはあまり多くはありませんが、1時間足ぐらいになると1日のうちに何度もコロコロと方向を変えることがあります。

　このため僕は、朝のトレード前にすべての時間足をチェックするのに加えて、1時間足はエントリーのたびに確認するようにしています。できれば4時間足もその都度確認すると安心です。

▶ 環境認識は重要だが、思い込みは厳禁

　これらの環境認識は、エントリーできそうなポイントが見つかったら、改めて取引時間、他の通貨ペアの動き、株価の動き、そして長時間足をチェックして、エントリーしてはいけない要因がないことを確認するために使います。

　チャートがどんなに良い形をしていても、環境にひとつでも不安要因があるならエントリーは見送るのが鉄則です。

　ただ、これらの外部環境も、あくまでも為替に影響を与える要因のひと

つに過ぎないので、固執するのは厳禁です。「この時間帯なら円高になるはずだ」「株式市場が上昇しているからドル高に向かうはずだ」といった環境に対する思い込みは、失敗につながります。

　すべてはあくまで傾向であり、負ける可能性が高い局面を避けるための材料に過ぎません。**決まった成功法則は一切存在していないと認識することが重要なのです。**

　どんなに真剣にチャートを見つめていても、環境を無視したトレードでは生き残れません。あらゆる環境を確認し、頭に入れたうえで、決めたトレードルールを守る。そして、環境や値動きの雲行きが少しでも怪しくなったら躊躇なく撤退する姿勢を守り抜いてください。

　トレードのたびにいちいち環境を確認するのは面倒で、大変だと感じるかもしれません。それでも根気強く続けていけば、それが息をするように自然にできる日が来ます。環境を全部把握するのが当たり前で、そうでないと怖くてトレードできないようになるまで経験を積み重ねてください。

　ちなみに、他の通貨ペアや株価、CFDの値動きを確認するソースとしては、僕は「世界の株価」というウェブサイトを使っています。ひとつの画面で数多くのチャートを表示でき、とても見やすく無料で利用できるのでお勧めです。

参考：世界の株価「https://sekai-kabuka.com/」

▶ 絶対的にトレードをやめなければいけないときがある

　目標である日利１％を達成したら、その日のトレードは終わりです。
　目標に届かなくても、途中でやめてかまいません。利益を出して生き残ることができたら良い１日だと評価して、その日のトレードを終えましょう。

ただし、**損益の状況にかかわらず、絶対的にトレードをストップしなければいけないときがあります**。それが以下の３つのパターンです。

①日損３％に達したとき

　その日の損失の累計が資金の３％に達したときには、すぐにトレードをやめてください。

　資金が100万円であれば３万円、資金が300万円であれば９万円の損失を出してしまったときは、無条件でその日のトレードはストップです。

　次のエントリーは自信があるからあと１回だけ、などと思ってしまったら、それこそ取り返しのつかない損失の前兆だと考えてください。

②１時間以内に２回連続で損切りしたとき

　１時間以内に２回連続で損切りになってしまったときは、損切りの額がわずかであってもその時点でトレードをストップしましょう。

　こういうときは相場の流れがまったく読めていないときなので、それ以上トレードを続けても傷を広げてしまう可能性が大きいからです。

③１時間以内にフルレバレッジで２回エントリーし始めたとき

　損益にかかわらず、こういうことをやり始めるときは、「取り戻したい」「大儲けしたい」という欲にかられていて、**自分本位のトレードになってしまっており、相場を客観視できていない状態です。**

　大きな損失を出してしまう前に、チャートから離れて頭を冷やしましょう。

　この３つの条件は、いずれも厳格に守らなければなりません。こういう事態が起きると、悔しいという気持ちやイライラした気持ちで頭がいっぱいになり、次のトレードで取り返したいと思うようになり、無理なトレードにつながりやすくなります。

　こんなに損失を出したままで終わりたくない、と思うでしょうが、ト

レードで致命傷を負うのはだいたいこういうときです。こうしたときこそ、自分の仕事は儲けることではなく相場で生き残ることであることを思い出し、潔くトレードをストップしてください。

▶ 時間軸の変更はNG

利益確定と損切りのポイントを決める際は、エントリーしてからだいたいどのぐらいの時間で到達するかもイメージするようにしてください。

スキャルピングトレードの場合、慣れてくれば、「だいたい5分以内には利確エリアか損切りラインのどちらかに到達するだろう」というような感覚が自然に持てるようになります。

ただ、想定よりも値動きが乏しく、時間内に利益確定も損切りもできない、ということがあり得ます。イメージした時間内にいずれのポイントにも到達しなかった場合は、損益にかかわらずいったん決済しましょう。

ポジションを持つ時間が長くなるほどリスクは指数関数的に増大していくので、スキャルピングでは速やかに決済することも重要な戦略のひとつです。

実際僕も、時間がかかり過ぎた場合は微益であろうと微損であろうと決済し、ポジションをなくした状態で考え直すようにしています。

己こそが最大の敵だ。

克服すべき心の奥に潜む悪魔は、

全て我々の**内面**に存在している。

自分自身（心の奥に潜む悪魔）を
克服したトレーダーは

その他のものも克服している。

トレーディングを**極**めるということは

自分自身を極めることの
副産物なのだ。

プリスティーン・キャピタル・ホールディングズ共同創設者
オリバー・ベレス

『デイトレード』（日経BP）オリバー ベレス、グレッグ カプラより一部改変

第 3 章

生き残る
トレーダーに
なるための
実践トレーニング

▶ FXは1〜2年のトレーニングで勝ち続けられるようになる

　FXは1〜2年の間、適切なトレーニングを続けることができれば、誰でも勝ち続けられるようになります。多くの人はそれを知らないので、何度か大きな損失を出してしまうと「FXは難しくて無理だ」「自分には向いていない」と判断してやめてしまうわけです。

　トレーニングが足りていないだけなのに、自身を過小評価して目の前のチャンスを逃してしまうのは、とても残念なことです。

　練習に1年も2年もかけていられない、と感じる人もいるでしょうが、近道はありません。

　トレーニングを省略していきなりトレードを実践しても、大切なお金を失うか、トレーニングの必要性を痛感するかのどちらかなので、今すぐ練習を始めるのが結局は最短ルートなのです。

　日利1％トレードの手法自体はシンプルで、決して難しくはありません。**しかし、そのトレードルールを守り通すことは、至難の業です。**

　稼ぎたいという欲望や損をしたくないという恐怖心と戦いながらどんな局面でもルールを守り通せる不動のメンタルを養っていくことが、このトレーニングで最も重要なポイントになります。

　この章では、勝ち続けられるトレーダーになるためのトレーニング方法を詳しくお伝えしていきます。

【準備】デモトレード口座を開設する

　トレーニングでは、実際の資金を使って売買する前に、デモトレードで

スタートします。バーチャルのお金を使って取引するので、勝っても儲からないし、負けてもお金は減りません。

　ではなぜデモトレードを使うかというと、トレーニングの期間では必ず損失を出すからです。勝てるようになるためには、損失を出す経験が不可欠です。

　経営者やプロスポーツ選手などはもちろんですが、ごく普通のビジネスパーソンや高校生のアルバイトであっても、仕事を覚えて一人前になるまでには必ずなんらかの失敗を経験するものです。

　トレーダーも同様で失敗は必ず通る道なのですが、リアルでお金をなくしてしまう経験を最小限に抑えるために、デモトレードから始めるのです。

　デモトレードで一定期間練習するメリットはそれだけではありません。FXは、手法やテクニックよりもメンタルのほうがはるかに重要であり、**自らのメンタルを適切にマネジメントする必要があります。**

　よくあるパターンは、デモトレードでは継続して利益を積み上げられていたのに、本番になったら途端に勝てなくなるケースです。これは勝つためのテクニックはマスターできているけれど、メンタルに問題があると考えられます。

　自分のお金でリアルトレードをすることで、デモトレードのときには味わえなかった「お金がなくなる恐怖」や「もっと儲けたいという欲望」に心が支配され、正しいトレードができなくなってしまうのです。

　デモで継続して勝てるようになってから、本番口座でリアルのお金をかけてトレードすることで、メンタルの問題を発見しやすくなるという効果もあります。

　FX会社の多くは、取引アプリやツールの操作に慣れてもらったり、トレードの練習をしてもらう目的で、本番の口座と同じ感覚でトレードできるデモ口座を用意しています。

　口座を開設すれば、デモ口座を使えるようになるので、まずは口座開設

をしましょう。

FX会社はお好みのところを選んでいいのですが、トレードの量に応じてプレゼントやポイントがもらえるようなインセンティブがあると、チャンスでないときにトレードしてしまう恐れがあるので、シンプルなサービスを提供するFX会社を選びましょう。

僕は使い慣れたGMOクリック証券を気に入っています。デモ口座でも、本番と使い勝手がまったく同じなので、トレーニングにも向いています。

【STEP１】日利ではなく、日"損"１％を出す練習を１か月間続ける（デモトレード）

デモ口座を用意できたら、いよいよトレーニングを始めます。

最初の練習は、利益を出さずに損失を出す練習です。**日利ではなく１％の「損失」を出すことを目標に、１日最低１時間、できれば３時間以上チャートを見つめてトレードすることを１か月続けます。**

利益を出してしまったらその日は負けです。１％を大きく超える損失を出してしまっても負けです。

多くの人は、「なんだそれは」「意味がわからない」という反応をします。利益を出したくてFXを学ぼうとしているのですから、当然の反応です。

でもこれは、ここで紹介するトレーニングの中でも最も重要なプロセスです。その理由は４つあります。

①損失を出しても気持ちよく眠れるようになるため

勝てるトレーダーになるには、適切な損切りができるようになることが不可欠です。継続して利益を出すトレーダーたちは勝ちトレードだけを積み重ねているのではなく、たくさんの小さな損切りをして、そのうえで利

益が損失を上回るようにコントロールしています。

　利益の裏には無数の小さな損切りがあり、その損切りがあるからこそ生き残っているのです。損切りを一切せずに利益だけを積み上げることは不可能で、それを目指していては生き残れません。

　未熟なトレーダーは、損切りをすると悔しい気持ちになってしまいます。負けた、損をした、といちいちイライラしたり傷ついたりして、「もう損切りしたくない」と感じてしまいます。

　そのために、相場が思惑と逆に動いてしまうと「もうチャートを見たくもない」という気持ちになり、そのまま放置して損失を膨らませてしまうのです。

　損切り自体が「勝ち」なのだという認識を持つことができれば、そんな思いをしなくて済みます。最初に利益ではなく小さな損失を出すことを目的に練習することで、どんなに損切りをしても後悔しないメンタルを育んでいくことができるのです。

　もちろん、いずれ自分のお金でトレードすれば悔しい気持ちになってしまうわけですが、それでも最初のうちに気持ちよく損切りする経験を積み、損切りに慣れておくことで、損切りに傷つけられないメンタルの土壌を育むのです。

②時間を無駄にすることに慣れ、その無駄を受け入れられるようになるため

　損切りで心が傷ついてしまうのは、お金が減ることだけが原因ではありません。

　長い時間をかけてトレードしたのに、結果的に損切りしてお金が減ってしまうという事態に直面すると、「だったらトレードしなければよかった」「これだけの時間があれば観たい映画を観に行けたし家族サービスもできたのに」などと**お金だけではなく失った時間も悔やむことになります。**

僕たちは時間を売って、報酬を受け取る感覚に慣れ切ってしまっています。時給で仕事をしているような人は特に顕著ですが、本来は自分の時間を捧げればいくばくかのお金をもらえるのが当たり前のはずなのに、むしろお金は減り、失った時間も返ってこないという現実をなかなか受け入れることができません。

そうなると、「かけた時間を無駄にしたくない」「この損失を取り戻したい」とムキになってしまい、エントリーしてはいけない場面でエントリーし、結果として損失を拡大させてしまうのです。

日利１％トレードでは、必ずエントリーチャンスに出会えるとは限らないので、時間をかけてトレードしても成果がなかったり、微損で終わるようなこともあります。

それでも、正しいトレードをした結果、大損を出すことなく生き残れたのなら、それでOKと考えます。**損切りをいちいち悔しがっていたら、メンタルがもちません。**

損失を出して１日を終えることが悔しいと思わなくなるには、一定の経験が必要です。**損失を出して終える練習をすることで、息を吐くように損切りができ、時間を失ったことを悔やまないメンタルを育むことが可能になるのです。**

③小さな損失で留めて終える練習を重ねることで資金管理を学ぶ

この練習は１％の損失を出すことが目的なので、損失が大きくなり過ぎても負けです。**ほったらかしておけば損失は大きくなることが多いので大損を出すことはあまり難しくないのですが、１％の損失を狙って出すのは案外難しいものです。**

損失が出たときに、小さい損失に留めてトレードを終える練習をすることで、大切な投資資金を守る訓練ができます。

FXで最も重要なテクニックのひとつである資金管理を、自然に学ぶことができるわけです。

④本能と感情を観察して、それがどう機能するかを学ぶ

　損失を出すのが目的だとわかっていても、それでも最初のうちは悔しくなったり、この損を取り戻したいと感じることがあるでしょう。あるいは失敗して利益が出てしまったときに、なぜかうれしく感じてしまうこともあるはずです。

　損をしたくない、お金が増えたらうれしいと感じてしまうのは僕たち人間の自然な感情です。このトレーニングでは自身のさまざまな感情に振り回されることになるでしょうが、一つひとつのトレードで、自分がどんな感情にとらわれやすいかをしっかり観察しましょう。

　自らの感情を観察することで、感情自体がトレードでどのように機能し、どんな行動をとりたくなってしまうのか、ということを学ぶことができます。

　できれば利益を出してしまったときには、後述するトレードブックに、利益が出てしまった理由とそのときのチャートの形を描いて分析し、そのときの時間帯、背景、そして自分の感情を書き留めておくと非常に効果的です。

　日利１％トレードの手法だけなら慣れればマスターできますが、欲望や恐怖心に振り回されないメンタルを獲得するのは非常に難しいことです。

　実際、１か月間、損を出し続けるこのトレーニングはかなりハードで、途中でギブアップする人が続出します。やる気満々で始めた人でも、８割の人は挫折します。

　でも継続できた２割の人は、かなりの確率で順調に上達し、勝ち続けるトレーダーになれています。それぐらい価値のある練習です。

　誰だってFXを始めようと張り切っているときは、早く稼ぎたくてうずうずしているものです。

　特に早く億り人になりたいと熱意を燃やしている若いトレーダーにとっ

ては、とても耐えられないトレーニングだと思います。だからこそ、試されているのだと思ってください。

　必ずしも連勝（この場合、日損１％出し続ける）する必要はなく、プラスになってしまう日があってもかまいません。

　とにかく日損１％を目指して、１か月間、騙されたと思って継続してください。

【STEP２】週単位でのプラス収支を 3か月間継続する（デモトレード）

　損を出すトレードを１か月継続できたら、次のステップに進みます。

　引き続きデモトレードではありますが、ここからは実際に毎日１％の利益を出し続ける練習を始めます。トレード手法を解説した第２章を参照しながら、日利１％を目指して実践してみてください。

　こちらも１日３時間以上、忙しい人でも最低１時間、１分後のチャートの形を観察しながら予想し、その答え合わせをするというサイクルを繰り返します。エントリーしない理由を探し、本当のエントリーポイントを待ち続けます。

　第２章で解説した４つの環境（時間帯、他の通貨ペアの動き、株式市場やCFD相場の動き、長い時間足の動き）と経済指標（第４章参照）がどうなっているかにも気を配りながら、目の前のチャートを観察しましょう。

　このとき、漫然とチャートを見つめたり、その動きを覚えようとするのではなく、この後チャートがどのように動いていくかという仮説を立てながら観察していくことが大切です。

　いつトレードをするかはその人の生活スタイルにもよりますが、**選択の**

余地があれば20〜23時までの時間帯が最適です。

　出来高も値動きも大きくなるのでテクニカル分析が利きやすく、比較的チャンスも多いため同じトレード時間で比較しても多くの経験を積むことができます。

　値動きを観察する際のポイントは以下の通りです。

①他の時間足との関連

　同じ時間足を漫然と見るのではなく、他の時間足を見ながらその関係性や連動性を観察します。

　たとえば３分足でトレードするなら３分足を見ながら、５分足や10分足がどのような形をしているかをチラチラとチェックします。この観察行為を継続していくと、短時間足と長時間足の関連性やチャート上の値動きのクセがわかってきます。

②株式市場の動き

　為替市場の動きと、NASDAQやNYダウ、日経平均株価がどのように動いているかを観察します。互いにどのような影響を及ぼし合っているかがわかってきます。

③他の通貨ペアの動き

　円と他の通貨との組み合わせであるクロス円は同じような動きをすることが多いのですが、ひとつの通貨ペアだけ違う値動きをしているようなときには必ず理由があります。何が影響を与えているのかを考え、こうした要因と値動きの関連性を学びます。

④経済指標や要人発言

　たとえば雇用統計が発表されたら、その瞬間の値動き、５分後、30分後、１時間後にどう動いていくか、指標の結果と併せて観察します。

⑤ラインを引く

最初のうちは水平線をどこに引けばいいのかよくわからないでしょうが、チャートをよく見てとにかく線を引っ張り、その線がどう機能するか観察することで精度が上がっていきます。

どの価格帯で売買しているトレーダーが多いのか、彼らが今どんな心情になっているかが手に取るようにわかってきます。

▶ リプレイ機能を活用しよう

値動きを観察するのに便利なツールがあります。TradingViewというチャート閲覧サイトにはリプレイという機能があって、過去のチャートをまるでリアルタイムのように再生できます。

その日のトレードを振り返るときに気になった値動きを再度確認したり、忙しくて値動きを見られなかったときに確認したりするような使い方も便利です。

僕の場合、朝にトレードを始める前に深夜の値動きをざっと確認するためにも利用しています。

トレーニングとしては、この後どんな値動きをするだろうかと予想しながら再生し、答え合わせをしていく練習です。リアルタイムだと見ている時間分の練習しかできませんが、このリプレイ機能は再生速度を設定できるので、2倍速で再生すれば2倍のスピードで予想するトレーニングができます。

僕がFXを始めたころはこうした便利なツールがなかったので、過去のチャートを印刷して分析をしていました。しかしこの方法だと印刷したチャートを見た瞬間に最終的にどんな値動きをするかがわかってしまい、先入観にとらわれてしまうためトレーニングのクオリティが落ちてしまうというデメリットがありました。

こうした便利なツールを使えば、過去の相場であっても、この後どんな値動きをするかわからない状態でチャートを追いかける練習をすることができます。

このリプレイ機能を使ったトレーニングは、米雇用統計など重要な経済指標の発表時や要人発言などで不規則な動きをしたタイミングは避けましょう。

規則的な値動きを見つけるためのトレーニングなので、不規則とわかっている相場でトレーニングしても間違った値動きを覚えてしまう恐れがあるからです。

▶ トレードブックを記録し、自分だけのマニュアル本をつくろう

一つひとつのエントリーと決済もトレーニング中は学びの宝庫です。トレードする中で、気づいたことがあればその都度記録しましょう。

トレードブックに書き留めたい内容は、主に以下の項目です。

①売買のタイミング、背景
②そのときのチャートの形
③そのときの感情
④どのようなプロセスを経て負けたのか（勝ったのか）

一般的には、いわゆる「トレード日記」をつけることを推奨されることが多いのですが、僕は「日記」という形ではないほうがよいと思っています。

日記は時系列で見返すには便利ですが、実際にはこうした使い方はあまりしません。

「このチャートの形は前にも見たことがある」と思ったときに、日付順で書かれた日記ではそれがどこに記録されているかが探しにくいというデメ

リットがあるからです。

　また、「失敗パターンを見直したい」とか、「勝ったときの心理状態を振り返りたい」といったジャンルごとの検索もできません。そして、情報が古くなるほど埋没してしまいます。

　辞書的に見返すほうが圧倒的に役に立つので、マニュアル本をつくるような気持ちで記録することをお勧めします。

　たとえば、失敗だけを記録する失敗パターンの章をつくって、新しい失敗をするたびにそこに詳細を書き込んでいきます。

　過去に記録した失敗と同じ失敗をしてしまったときは、「正」の字を書く欄をつくって、カウントしていけば、自分が陥りやすい失敗パターンを発見することができます。

　この方法であれば、新しい失敗をするたびに失敗コレクションが増えていくので、成長を肌で感じることができて、失敗したときのメンタルの落ち込みも回復させることができます。

　勝ちパターンの章もつくって、うまくいったトレードも記録していきましょう。失敗を改善できたトレードがあったら記録して、同じ勝ちパターンを「正の字」でカウントしていきます。その結果、自分の得意なパターンが客観的に把握できるようになります。

　慣れてきたら、もっと詳細に項目を増やしていってもいいでしょう。

　トレードしていないときでも、値動きを観察しながら気づいたことを記録します。

　たとえば、「クロス円で豪ドル円だけが突然違う動きをしたのは、中国の経済指標に影響されたからだ」「ドル円にダブルトップが出ていたのに上昇したのは、きっと米国の株式市場が大きく上げて始まったからだな」などといった気づきも、書き留めていきます。

　僕の場合は、ゴトー日（5の倍数日）だけのページや、天井圏、底値圏

図表11：筆者が実際に書き綴ったトレードブック

反省が残ったトレードの
チャートの形を記載。

トレード時間や反省のきっ
かけをつくった水平線やト
レンドライン (斜めライン)
を書き込む。

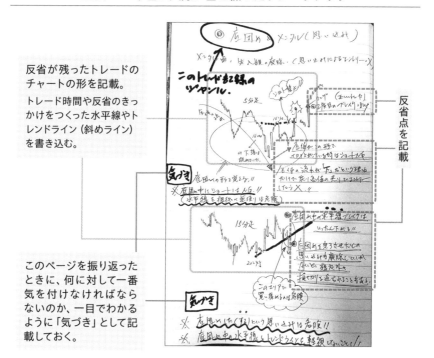

反省点を記載

このページを振り返った
ときに、何に対して一番
気を付けなければなら
ないのか、一目でわかる
ように「気づき」として記
載しておく。

第3章 生き残るトレーダーになるための実践トレーニング

の値動きパターン、負けトレードの前兆現象をまとめた項目も用意してい
ます。

　自分が参照しやすいように、自分だけのマニュアル本をつくるつもりで
項目をどんどん増やしていってください。

　トレードブックは後から内容を付け足したり、インデックスを増やして
いくことになるので、ルーズリーフを使うと便利です。

　僕の場合は海外の雑貨店で見つけた電話帳のように分厚い古文書のよう
なノートを愛用しています。これはこれで味わいがあって、少しずつボロ
ボロになっていくところが気に入っているのですが、入手のしやすさから
考えてもルーズリーフがいいでしょう。

ちなみに記録は必ずしも紙である必要はありません。チャートをスクリーンショットしてパワーポイントやエクセルなどに張り付けて、テキストを添えて記録するという方法でももちろんかまいません。

　僕もそれは試したのですが、スクショしたチャートを加工して気づいたことを書き込むという作業に時間がかかってしまい、手書きのほうが早く記録できて継続しやすいと感じたのでノートに書き込んでいます。

▶ インプットを並行するとより学びが深まる

　デモトレードで実践を積みながら、FX関連の本を読んだり、トレーダーのYouTubeを見たりといったインプットを並行すると、より理解が深まります。

「十分勉強してから実践する」というタイプの人もいますが、実践しながらインプットするほうがイメージは湧きやすく、納得感もあります。

　本や動画の内容をすぐに忘れてしまったり、理解できないところがあってもかまいません。

　3割程度心に残っていれば、また別の本や動画にふれているときに、「同じようなことを前にも見たな」と思うことが出てきます。こうしたことを繰り返すうちに重要なことを覚えていくのです。

　このような練習をしながら、日利1％を出し続ける練習を繰り返します。毎日の収支をエクセルなどで記録し、プラスを出す週を3か月間継続することを目指してください。毎日プラスではなくても、週単位で1円でもプラスになっていればOKです。

　これを3か月継続できたら、いよいよデモトレードを卒業し、リアル口座に資金を入れてリアルトレードをする局面に進みましょう。

▶ デモトレードでも緊張感を失わないために

「負けても痛くもかゆくもないデモトレードでは緊張感がなく、練習にならないのでは？」という指摘を受けることもあります。これはその通りで、「どうせデモだから」と身が入らなかったり、エントリーしてそのまま放置してしまうというような怠け心が生まれることもありますが、当然、それでは意味がありません。

　そこで僕は、デモトレードでの練習期間ではちょっとしたゲームを並行することをお勧めしています。**10営業日連続でプラスの利益を目指すゲーム**です。

　勝った日はカレンダーにマルをつけていき、1日でもマイナスを出してしまったらリセットしてイチからやり直しです。

　子どもだましのように感じるかもしれませんが、実際にやってみると、この連勝記録を伸ばしたくなって思いのほか真剣に取り組むようになるものです。

　これは僕が個人的に教えている生徒さんに対して提案した方法なのですが、その生徒さんは自分でも驚くほど一つひとつのアクションに真剣に取り組めるようになったそうです。

　勝った日にはカレンダーにマルを描いていき、それが10日続かないと次のステージにはいけない、とがぜん真剣味が出てくるのだそうです。

　9日目や10日目になると緊張感がピークに達するか、あるいは天狗になってしまうかのどちらかの状態になります。

　天狗になってしまうと何をやっても勝てるような気がしてきて、最終日に根こそぎ資金を失うようなこともあるので、こういう経験を積むことが重要です。

　デモトレードの段階でここまで自分を追い込んだ人は、リアルトレード

でも成功するのに時間はかかりません。

　週単位で３か月連続プラスだけでも厳しいのに、10日連続プラスというのは厳し過ぎると感じる人もいるでしょうが、自分の大切なお金を動かすリアルトレードでかかるプレッシャーを考えれば、そのぐらいの負荷を自身にかけ続ける訓練はむしろ必要です。

　逆に、デモトレードでこれらの条件をクリアしたのにリアルで勝てないというなら、それは100％メンタルの問題であると敗因を絞り込むことができるので、課題をはっきりさせることができます。

【STEP３】仮免許での路上練習！リアル口座で少額取引をスタート

　ここまでたどり着いた人は、相場の値動きのクセをかなり把握できているはずです。相場の知識も相当ついているので、テクニカル面では自信を持って大丈夫です。

　ここからの局面で重要なのは、戦っているのは相場ではなく、自分自身だということを常に意識することです。

　実際に自分の大切なお金をトレードしていると、デモトレードのときとは比べ物にならないほど、お金を稼ぎたいという欲望やお金を失いたくないという恐怖心、損失を取り戻したいという焦りに心が支配され、それまでできていた冷静な判断ができなくなります。

　このステップまでたどり着いた人がリアルトレードで利益を出せないというなら、それは相場が読めていないのではなく、自らのメンタルの動きに振り回されて自滅しているということにほかなりません。

　デモトレードで実践していたルールとそれを実行していた自分を思い出し、試練に立ち向かっていく必要があります。

このステップに踏み出したばかりの時期は、デモトレードのときのように勝ち続けられない人がほとんどなので、少ない資金で始めてください。

　トレードで失敗したら、デモトレードでの自分を思い出し、再度立ち向かいましょう。このサイクルを何度も繰り返すうちに、感情に流されない強いメンタルが育ち、少しずつ勝てるようになっていきます。

　十分引き付けてからエントリーする、損を取り戻そうとしない、利益を必要以上に伸ばそうとしない、値動きを追いかけない、飛びつかない、これらの鉄則を常に頭に置いて、あとは実践あるのみです。

その日の天気がいちばんいい、と思うことにしている。

雨 が降った。

だから 雨 を楽しむ。

詩人・作家
山村 雅治

『マリア・ユージナがいた』（リブロ社）山村雅治より

第 4 章

ファンダメンタルズ
投資で知っておく
べきこと

▶ マクドナルドの新メニューを見極められるのはなぜか

　トレーダーであれば、経済の動きを知るために新聞やニュースサイトを毎日チェックする人は多いでしょう。

　スイングトレードやデイトレードはもちろんですが、数秒から数分で完結するスキャルピングトレードであっても、ファンダメンタルズ（経済の基礎的条件）を無視して勝ち続けることは困難です。

　だからといって、ただ経済ニュースを眺めるだけで、それをどうトレードに活かせばいいのかわからないようではあまり意味がありません。

　ニュースに触れたときに、その情報がいったい何を示唆し、為替相場にどのような影響を与える可能性があり、それに伴って自分はどう行動すればよいかまでを判断できないと、ニュースの価値は半減してしまいます。

　相場で生き残るためには、毎日次々と発信されてくるニュースがマーケットにどう影響して、為替をどの方向に動かすのか、ある程度推測できる力が必要です。

　ニュースを見て相場の流れを想像できるようになるためには、そのベースとなる知識が不可欠です。

　たとえば、マクドナルドに行ってメニューを選ぶとします。僕たちはまずバーガー類からひとつ選んで、そこにポテトやサラダなどのサイドメニューとドリンクをつける、という一般的な知識を持っているからこそ、食べるものの組み合わせをその場でパッと選択することができます。

　季節ごとに次々と新メニューが登場してきたとしても、こうした基盤となる知識があればそのメニューにどんな特徴があるかを理解しやすくなりますし、自分の好みに合うかどうかも食べる前にある程度想像がつき、それを注文すべきかどうかも判断できるのです。

　こうした基盤となる知識がないと、何をどのぐらい食べれば満足できるのか想像がつかないし、メニューが多過ぎてどう組み合わせればいいかも

わからないでしょう。

　経済ニュースも同様で、バーガー類とサイドメニュー、ドリンクにあたる基本的な知識を押さえておけば、日々飛び出してくる新しいニュースにも目を白黒させなくて済むようになります。難しく感じていたニュースが、どんどん頭に入ってくるようになるのです。
　この章では、経済におけるバーガーとサイドメニュー、ドリンクにあたる基礎的な知識を紹介し、新しいニュースが出てきてもそれを理解し、想像し、対応できる力を養っていきます。

▶ お金は今、どこからどこに移動しているのか

　FXに限りませんが、投資をする際に重要なのは、「今、お金はどこからどこに移動しているのか」ということを常に意識することです。
　エコノミストによる相場分析などで「株式市場に資金が流れている」といった表現がされることがありますが、お金は突然どこかで生まれているのではなく、常に移動しています。
　株式市場にお金が流れているということは、その出所はどこなのか、どこからお金が引き上げられて株式市場へ移動させられているのかという方向感を押さえることがマクロ経済を理解する第一歩となります。

　お金を動かす主体である投資家は当然利益を求めて行動するので、お金は儲かりそうなところへと移動していく習性があります。
　儲かりそうなところというのはどんなところなのかというと、主に次の5つのパターンに分けられます。

①値上がりしそうなところ
　投資には値上がり益であるキャピタルゲインと、利子や配当など保有している間に得られるインカムゲインという2種類の収益があります。

手っ取り早くキャピタルゲインが得られそうな投資先は最も魅力的なお金の置き所のひとつで、値上がりしているところや値上がりしそうなところへとお金は移動していきます。

　たとえば、景気が良いときは株や不動産が値上がりするので資金はそちらに移動しますし、景気が悪いときは金（ゴールド）や債券が値上がりしやすいのでそちらにお金が流れます。
　こうした流れによって、人気のない資産はどんどん値下がりし、人気のある資産は値上がりするというサイクルが加速していきます。

②利回りの高いところ

　インカムゲインを狙う投資家にとっては、少しでも利回りの高いところにお金を移動させるのが有利です。このため、金利や利回りが高いほうへと、あるいは高くなりそうなところへと資金は流れていきます。

　金利が高くなると、高い金利の通貨で持っていたほうがお金は増えることになるので、その国の通貨が買われやすくなります。
　米国の金利が上がれば低金利の日本円で預金をしたり日本の国債を買うよりドルに換えて預金したりするようになるので、円売りドル買いの動きが生じ、円安ドル高になりやすくなります。

③税金の低いところ

　多少の例外はあるにしろ、原則として投資の利益には税金が課されます。支払う税金は安ければ安いほど手元に残るお金は増えるので、値上がり期待や利回りが同程度であれば税率の低いところへとお金は流れます。

④すぐに売却できるところ

　どんなに利益が出たとしても、それを思うように換金できないようでは実質的な価値は下がってしまいます。売ったり買ったりのしやすさを示す

「流動性」が高いところのほうが、お金の置き場所としては人気が高くなります。

たとえば、毎日たくさんの出来高がある大型株であれば売りたいときにすぐ売ることができますし、よほど大きな売買をしない限りは自分の取引のせいで値が動くことはありません。

為替相場は世界中の投資家やトレーダーたちが頻繁に売買している関係で流動性が高く、成行で売り注文を出しているのに誰も買ってくれないということはまずありません。

これに対し、不動産は欲しいという人を探すのがそこまで簡単ではありません。買いたい人はなんでもいいわけではなく欲しい物件の具体的な希望を持っているものですし、価格も売り手と買い手双方の条件がマッチングしないと売買は成立しません。売買契約の手続きも面倒で、不動産は売ったり買ったりが難しい資産の代表格です。

資産としての魅力や値上がり期待が同程度であれば、やはり欲しいときにすぐ買えて、売りたいときにすぐ売れる資産のほうが選ばれやすく、お金も「すぐに売却できるところ」に流れやすくなります。

⑤景気が良いところや最適な政策を打ち出している国

景気が良い国はモノが売れやすかったり仕事を見つけることが容易で、企業の業績も良く経済が成長しているので、景気が後退している国よりもお金の置き場として魅力的です。

ただ、**たとえ景気が停滞していても、政府や中央銀行が景気を改善するための政策を行っている場合は別です。**こうした国にはお金が流れてきて、預金以外のあらゆる資産の価格が値上がりする傾向があります。

典型的な例としては、コロナ禍の経済対策です。その際は、量的緩和や低金利政策が実施され、中央銀行が国債や社債を金融機関からどんどん買い上げてくれました。その結果、金融機関には中央銀行から大量のお金が

流れ込み、その金融機関は低い金利で企業や個人にお金をどんどん貸し出すようになったのです。

　そこで法人や個人にもお金が流れていくようになり、それがさまざまなマーケットに流れ、景気が特に拡張しているわけではないのに相場が押し上げられていったのです。

▶ 米国の中央銀行FRBは、お金の流れのカギを握る

　世界中のお金の流れのカギを握っているといっても過言ではないのが、米国の中央銀行であるFRB（連邦準備制度理事会）です。

　FRBになぜそんな力があるのかというと、お金の流れの中心地である米国の中央銀行であり、金利を決める力を持っているからです。

　金利が変動するとお金の流れが変わります。金利の上げ下げによって株式市場や不動産市場など他のマーケットも影響を受けることから、金利は投資家や市場関係者の最大の関心事となっています。

　FRBに限らず、日本であれば日銀（日本銀行）、欧州であればECB（欧州中央銀行）など、各国・地域の中央銀行は、その国の金利をコントロールすることができます。

　中央銀行は金融システム全体や物価、為替の価値を安定させることが仕事なので、景気が良くなり過ぎたり悪くなり過ぎたりすると、金利を調節して景気を安定させようとします。

　景気が悪いときに金利を下げれば、個人や企業がお金を借りるときの金利も下がるので資金調達がしやすくなり、家を建てたり設備投資をしたりすることが容易になって経済が活気を取り戻します。

　逆に景気が良くなり過ぎてバブルや物価高が心配されるときは、金利を上げることで逆の事態を生じさせ、過熱感を抑えることができます。

　このため、FRBの一挙手一投足に世界中の金融関係者が注目しています。FRBのトップである議長の発言はもちろん、FRBが金利を決める判

断材料としている経済指標の発表にも注目が集まる理由はここにあるわけ
です。

▶ FRBも万能ではない

**とはいえFRBも全能の神ではなく、彼らがコントロールできる金利は
限定されています。**

金利は大きく分けて短期金利と長期金利があります。

短期金利は、返済期間が1年以内のお金を貸し借りする際の金利のこと
で、実質的には銀行同士でお金を1日だけ融通し合うときに適用される金
利を指します。

一方、長期金利は、金融機関が1年を超える返済期間でお金を貸し出す
際に適用する金利のことで、実質的には10年物国債の金利を指していま
す。

FRBがコントロールできるのは、短期金利のほうだけです。 短期金利
は中央銀行が決定することができるので、政策金利（FFレート）とも呼
ばれます。

長期金利は債券売買での需給バランスなどから市場で決まっていくもの
で、市場参加者が持つ将来の経済成長や物価上昇の期待感を反映します。

このため、長期金利は景気の影響を受けやすく、将来の景気が良くなり
そうという期待があれば長期金利は上がり、逆であれば下がりやすい傾向
があります。

もちろん、FRBの姿勢やFRBが定める政策金利の影響も強く受けます
が、それでも長期金利はFRBが直接コントロールすることはできません。

株価や債券価格も、FRBが決める短期金利よりも市場が決める長期金
利の影響を受けやすいといわれます。長期金利が上がってくると短期金利
が上昇していなくても、株価は下落圧力が強まります。金利が上がると企

業にとっては借り入れのコストが増えることになり、経営にマイナスとされるからです。

　また、金利が上がれば当然、債券や預金の金利も上がるので、リスクを我慢して株を買っていた人たちにとっては、株よりリスクの低い債券や預金の金利が上昇するならそちらにお金を回そうということになり、株が売られやすくなります。

　これは逆もまた然りで、金利が下がれば預金や債券の魅力が乏しくなるため株を買う人が増え、株価は上がりやすくなります。そして金利が低い国の通貨も売られやすくなり、米国がその対象になればドル安に向かいやすくなります。

▶ 債券価格と金利の関係

　金利の変動は債券価格にも影響します。たとえば、１年前に利回りが３％の債券を買った人がいるとします。その後、金利が上がって利回りが５％の債券が売り出されたら、その新しい５％の利回りがある債券のほうを欲しくなるものです。

　その結果、利回りが低い昔の債券を売りたい人が増えるので、１年前に購入した利回り３％の債券価格は下がります。

　逆に金利が下がって、新しく発行される債券の利回りが１％になってしまうと、その人が１年前に購入した利回り３％の債券が俄然（がぜん）輝きだします。その高い利回りの債券を欲しがる人が増えるので、債券価格は上昇するというわけです。

　まとめると、金利が上がると過去の債券の魅力が乏しくなるので債券価格は下がります。金利が下がると過去の債券の魅力が増すので債券価格は上がるということになります。

▶ 量的緩和と引き締めで何が起こるのか

お金の流れを変えて景気や物価をコントロールするためにFRBができることは、政策金利を変える以外にもうひとつあります。**それが量的緩和です。**

量的緩和は、中央銀行が民間の銀行を通じて、国中にお金をばらまくことです。中央銀行が民間の銀行から国債や社債をどんどん買うことで、大量のお金を預かることになった民間の銀行は、ほぼゼロに近い水準の低金利で企業や個人にどんどんお金を貸し出すようになります。

量的緩和は政策金利の引き下げと併せて行われることが多く、市中に出回るお金の量を増やす高い効果があります。

企業は低コストでお金を借りられるので、設備投資をしたり人を新たに採用したりするようになります。個人も借りたお金で家を建てたり起業したりしやすくなり、株や不動産を買う人も出てくるでしょう。そうすると、**株価や不動産価格を押し上げる効果が生じ、モノの値段も上がりやすくなります。**

しかし、このようにお金をばらまき続けると、世の中に出回るお金が増えるのでお金の価値が下がっていきます。**これがインフレです。**

米国で量的緩和が行われれば、ドルの価値が下がり、為替はドル安へ向かいやすくなるわけです。

日本でも同じ政策を実施している場合は通貨安になりやすい力が同時に働くことになるので、ドル円相場は2つの国のインフレ度合いや他の要因を加味しながらそのバランスで決まっていきます。

金融緩和については逆の法則も成り立ちます。量的緩和をやめる、あるいは縮小すると市中にあふれるお金の量が減り、個人や企業はお金を借りにくくなります。

株式市場にもお金が流れにくくなるので、株価は下がりやすくなりま

す。**これが金融引き締めです。**

世の中に出回るお金の量が減り、通貨の価値が上がってデフレが生じ、為替はドル高に振れやすくなります。

▶ 金融市場は教科書通りには動かない

毎日次々と発信される経済ニュースを理解するための基盤となる知識として、米FRBを中心に、米国の金利、株価、債券価格の関係を解説してきました。ここまで理解できれば、あとは簡単です。

ドル円と他のクロス円は、ドル円とほぼ連動する傾向にありますし、量的緩和でお金が余ってくると株だけでなくビットコインや金、あるいは原油など商品市場にもお金が流れやすくなるため、あらゆる資産価格が上昇します。

逆に、ばらまくお金の量を減らせば、お金が引き上げられてしまい、すべてが値下がりしやすくなります。

ただ、すべてがこのようにシンプルかつ教科書通りにお金が流れるわけでもありません。こうした流れを打ち消す動きが起こると、値動きは複雑になります。

たとえば、突然の戦争や有力な金融機関の破綻、あるいは大規模災害が起きると、世界中の投資家がとりあえず持っている株を現金化して予期せぬ事態に備えようとするので、世界中の株価が一斉に下落します。

安全資産といわれる金や、かつては「デジタルゴールド」とも呼ばれたビットコインは比較的有事に強いとされますが、暴落した株の損失を穴埋めするためにこうした資産を売る動きも出てくるので、結局はあらゆる資産が下落します。**これが「リスクオフ」と呼ばれる局面です。**

ただ、リスクオフは一時的な資金繰りの悪化を解消するために資産を現金化しようとする動きなので、底を打つと金やビットコインから価格が上

がりだし、続いて米国株や日本株などの株価が上がりだす傾向があります。

▶ 為替はなぜ動くのか

次に、FXトレーダーが最も知りたい、為替相場が動く要因についてまとめてみましょう。

①金利差

ここまで解説してきたように、金利が高い国の通貨は上昇し、低い国の通貨は下落しやすくなります。

政策金利を決める会議のスケジュールはあらかじめ決まっています。**FRBが政策金利を引き上げそうだという観測が広がると、その会議に向けて長期金利も上がっていく傾向があります。**

まずは10年や5年物の国債の利回りが上昇し始め、いよいよ政策金利の引き上げが確実な様相になってくると、2年や1年物国債の利回りが上昇します。そうすると、為替市場では利上げが見込まれる米ドルが買われて、利上げをしない国の通貨が売られるようになります。まさに2022年前半に見られた円安ドル高の構造です。

②貿易収支

為替は2国間のバランスなので、貿易の量にも左右されます。

たとえば、日本の自動車メーカーが国内で作った車を米国に輸出すると、ドルで代金を受け取ります。

その会社が受け取ったお金を国内の下請け企業からの部品の仕入れや従業員の給料に使うには日本円に換える必要があるので、為替市場で米ドルを売って円を買うことになります。**このため、輸出の量が多いと円高ドル安に進みやすくなります。**

図表12：円と米ドルの構造

日本から米国への輸出増加の場合

輸出 増

代金：
受けとる米ドル 増

米ドルを円に交換
＝
円の需要増加
円高・米ドル安

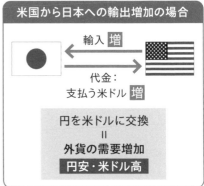

米国から日本への輸出増加の場合

輸入 増

代金：
支払う米ドル 増

円を米ドルに交換
＝
外貨の需要増加
円安・米ドル高

　一方、海外の製品を輸入して国内で販売している企業であれば、海外の取引先にドルで支払いをする必要があります。**このため為替市場で円を売ってドルを買う必要があり、輸入の量が多いと円安ドル高に進みやすくなります。**

③物価変動
　インフレになっている国、要するに物価が上がっている国は、お金の価値が下がっているということになるので、外国の通貨に対しても価値が下がって通貨安になりやすい傾向があります。

④地域紛争・戦争
　紛争や戦争が起こったり、それが経済に大きな影響を与えると懸念されたりすると、その紛争や戦争が起こった国の通貨の価値が安くなるなど為替相場が大きく動くことがあります。

⑤政府の為替介入
　為替の変動が行き過ぎて不都合が生じると、中央銀行が力づくで為替相

場を動かそうとすることがあります。市場で自国の通貨を売って他国の通貨を買う、あるいはその反対の取引を大規模で行うことで、為替相場を一定方向に誘導します。

　2022年に急激な円安が進行した際に、日本の財務省による為替介入が合計3回実施されました。しかし、為替介入は最終手段に近いものであり、日常的に行われるものではありません。

　22年の円安では11年前の円高時に比べると円の価値がほぼ半分になっており、政府もこれはよほどのことであると判断し、介入に踏み切ったと考えられます。

　ちなみに、その前の為替介入は、東日本大震災直後の2011年11月にさかのぼります。このときは、ただでさえ震災で日本経済が傷んでいるのにもかかわらず、リスクオフの円高が進み、輸出企業の業績が圧迫され過ぎてしまい、22年とは逆に円を売ってドル資産を買う円安誘導が行われました。

⑥要人発言、政治的要因

　政府や中央銀行などの要職に就いている重要人物が経済や為替に関連する発言をしたり、なんらかの政策が実施されたりすることで、為替相場が大きく動くことがあります。

⑦経済指標の発表

　雇用統計やインフレ率の発表など重要な経済指標が発表されると、その結果を受けて為替レートが大きく動くことがあります。瞬間的に大きな変動を見せるので、その変動幅を狙った取引で利益をあげようとするトレーダーの注目も集まります。

⑧テクニカル

　チャートは多くの市場参加者が意識するので、自然とチャートの値動きのクセやパターンに沿った値動きが多くなります。

　特に前回高値や安値、何度も上げ止まったり下げ止まったりしている強い水平線は意識されやすく、その水平線付近では大きな値動きになる可能性が高まります。

▶ マクロ経済はすでにチャートに織り込まれている

　経済全体の流れ（マクロ経済）を理解し、為替相場へのお金の流れを把握するために、重要な経済指標の結果を確認し、その変化の兆しをつかむのは重要です。こうした目的とは別に、指標発表直後の大きな変動を狙った取引で利益をあげようとするトレーダーも多くいます。

　経済指標の結果によっては短時間で非常に大きな値動きをするので、うまくいけば大きな利益を狙えることは確かです。

　しかし、こうした指標の発表を機に、相場に新しい流れが生まれるかというと、実はそういう例はあまり多くはありません。

　というのは、**重要な指標ほど事前に多くの市場参加者や専門家がその数字を予想するので、その予想数値が市場のコンセンサスとなって値動きに織り込まれていくからです。**

　要するに、指標が発表される前からその予想数値がチャートに反映されており、実際に発表された数字がよほどのサプライズにならない限りは新しい流れは生まれないのです。

　だったらなぜ、指標発表直後に相場が大きく動くのかというと、2つの理由があると考えられます。

　ひとつは、特定の指標発表といっても実は複数の数字が発表されているからです。

たとえば米商務省が発表する個人消費支出（PCE）価格指数は、米国の家計が消費した財やサービスを集計した指標で、食品とエネルギーを除いたコアPCE価格指数と同時に発表されます。

　いずれも米国の購買動向やインフレを測定する重要な指標であり、FRBが金融政策を決定するうえで重視しているため、市場参加者も高い注目を寄せています。

　PCE価格指数はドル高に向かいやすい内容だと一度は急騰しますが、コアPCE価格指数は逆だったために大きく反転するということもあります。相反する結果をどう解釈すべきかマーケットも迷って、右往左往することがあるのです。

　また、**発表の内容とは関係なく、このタイミングを狙って大口の売買をしようとする投資家がいることも、予測できない値動きを引き起こす理由のひとつです。**

　たとえば、すでに利益が乗ったポジションを持つ大口の機関投資家が指標発表の直後を狙って利益確定の決済をしてくる、ということが見られます。発表を受けて上に行こうとする瞬間に売りをぶつけてくると瞬間的に大きく下振れするわけです。

　こうした場合は指標発表の結果がプラスのサプライズだったとしても、急落することになります。そしてこの売りがさばけてしまうと、一気に反転上昇するという動きをします。

　また、上下どちらに行くかはわからないけれど、大きな値動きが予想される場合には、あらかじめ両建て（ロングとショートの双方でポジションを持っておくこと）をしておくトレーダーもいます。

　両建ての場合は損失が大きくならないよう必ず逆指値の損切り注文を入れておくので、こうした損切り注文で値動きが翻弄されることもあります。

　また、これらの損切り注文を根こそぎ刈り取って、ふるい落としてから

上昇や下落をさせようとする大口トレーダーもいます。

　要するに、指標発表直後のマーケットは、さまざまな市場参加者の欲望や思惑がぶつかり合っている魑魅魍魎の世界なのです。

　指標の結果にかかわらず、どんな値動きをするかは誰にも予想できないので、指標発表直後は決してトレードせず様子見を決め込むのが正解です。

▶ 経済指標発表後の値動きが落ち着いたタイミングにチャンスが訪れる

　こうした理由から、僕は重要な指標発表の前後はトレードを避けています。**具体的には、発表の15分前ぐらいになったら新しいエントリーはせず、そのときに手がけているトレードがあれば決済し、ポジションを持たずに発表時刻を迎えるようにしています。そして、発表後も20分程度はトレードせずに値動きを見守ります。**

　これは、指標発表直後は値動きがランダムで読めないからという保守的な理由ももちろんありますが、それだけではありません。

　こうしたリスクの高いタイミングでわざわざトレードしなくても、少し待っていれば極めて勝率の高いエントリーチャンスが訪れることが多いからです。

　たとえば図表13のチャートのように、指標発表直後に急落した場合でも、かなりの割合で何もなかったかのようにV字回復するタイミングが訪れます。この動きが見られたら、回復してきた上方向の動きが本物の流れになりそうだという視点でチャートを監視していきます。

　こうした場合、発表前の高値を超えて上昇を続けますが、やがて上にある抵抗線に押し戻されて下落に転じます。

　下落に転じたことを確認したら、エントリーのチャンスです。この下落がずっと続くことは少なく、かなりの確率で反発してくるので、そこを狙

図表13：経済指標発表直後の下落に転じたときのチャート例

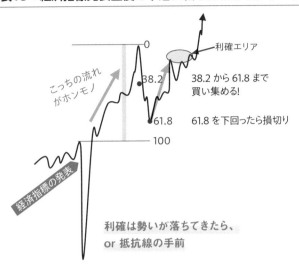

こっちの流れ
がホンモノ

0
38.2
61.8
100

利確エリア

38.2 から 61.8 まで
買い集める!

61.8 を下回ったら損切り

経済指標の発表

利確は勢いが落ちてきたら、
or 抵抗線の手前

うのです。

　ここで活用するのはフィボナッチリトレースメントです。

　フィボナッチリトレースメントとは、イタリアの数学者レオナルド・フィボナッチが発見したフィボナッチ数列から導かれるフィボナッチ比率を用いて、反発や反落のポイントを見極めるテクニカル指標です。

　具体的には、トレンドの始点と最高値または最安値を結び、38.2％、50％、61.8％の水準で反転する可能性が高いと判断します。これは自分で計算しなくても、チャートツールが示してくれます。

　発表時、上昇前の価格を100、その後でつけた天井を0として、38.2％下落してきたところからロングでの分散エントリーをします（分散エントリーについては43ページ参照）。

　このポイントから61.8％の水準までの間、少しずつ買い集めます。そして予想通り上昇に転じたら、抵抗線の手前で早めに利益を確定します。

　上昇の勢いが落ちてくるようなら、それも利益確定のサインです。逆に

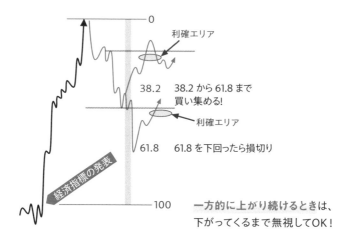

61.8%を下回るまで下落が続いたら、反発はあきらめてすぐに損切りします。

　この手法は逆の値動きをした場合でも同様に使えます。指標発表直後に急騰し、その後突然下落に転じた場合でも、逆に読み替えて同じトレードができます。

　指標発表後の大きな動きがそのまま継続することも、もちろんあります。たとえば図表14のチャートのように指標発表後から上昇を続け、ずっと同じ動きを続けるようなパターンです。

　こうしたときは、決して追いかけずに見守り、反転して下がってくるのを待ちます。反落してきたら、指標発表前の価格を100、反落を開始する手前の天井を0として、フィボナッチリトレースメントを使います。

　38.2%下落してきたところからの反発を狙って買い集め、狙い通り反転上昇したら近くの水平線手前で利益確定します。61.8%を下回って下落を続けたら損切りです。

いつまでたっても反転してこない場合は、その日はあきらめて、エントリーせず寝てしまいましょう。「ずっと上がり続けているのなら買えばいいじゃないか」と思うかもしれませんが、それで成功できるのなら誰でも簡単に億万長者になれます。

こうした急激な値動きを追いかけると、突然反転し、損切りする間もないほど急激な動きをして想定外の損失を被ることが多く、追いかけるエントリーは非常に危険です。

▶ 株価と連動するときとそうでないときがある

第2章でも解説したように、僕は常に他の通貨ペアや株価、金価格、ビットコイン価格などさまざまな指数のチャートを確認したうえでトレードをしています。

たとえばドル円を取引するときは、連動しやすい他のクロス円、ポンド円やユーロ円などを確認するのは必須で、他のクロス円が円高に進んでいるようであれば、ロングでのエントリーは控えるようにしています。

理論的にはクロス円は同じような動きをしますし、株価と債券は逆の動きをする傾向があります。**ただし、こうした教科書的な相関は昔であればかなり利いていて、トレードにも活用できましたが、近年は必ずしもそうなるわけではありません。**

日経平均株価が上がっているのに円高になることもありますし、逆相関するはずの債券価格と株価が同じ動きをすることもあります。資産価格は理論通りに動かない局面が増えていて、相関や逆相関の関係が一概にはいえなくなってきています。

だからといって、これらの関連性をまったく考えなくてよいかというと、そんなことはありません。局面によって連動の仕方が異なるだけで、今でもピタリと連動することもあるからです。

重要なのは、トレードしているそのときに連動しているか連動していな

図表15：複数のチャートを重ねることができるTradingView

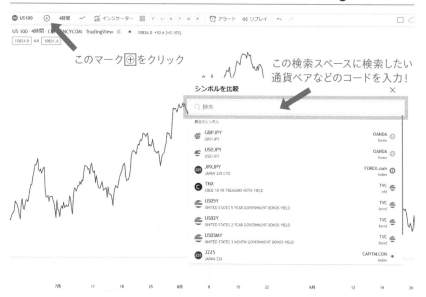

いかを把握しておくことです。連動しているときや逆相関しているときにはその流れを利用したトレードをして、独立した動きをしているときは参考にしない、と局面ごとに判断していきます。

　こうしたときに便利なのが、指数同士を比較できるツールです。

　僕が愛用しているTradingViewでは、チャートの左上にある⊕マークをクリックすると、簡単に複数のチャートを重ねて比較チャートをつくることができます（図表15参照）。

　たとえばドル円の取引をするときは、他のクロス円やS&P500、NASDAQ、日経平均株価などと重ねてみてください。連動性が強いときにはそれに従ったトレードをし、逆相関するときもその値動きを意識するようにしましょう。

　図表16のチャートはドル円とNASDAQ100のチャートを重ねたもので

図表16：ドル円とNASDAQ100を重ねたチャート

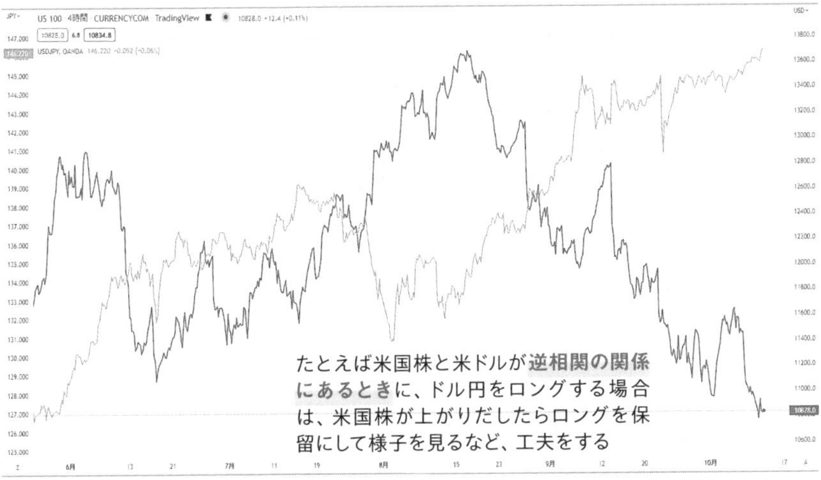

たとえば米国株と米ドルが逆相関の関係にあるときに、ドル円をロングする場合は、米国株が上がりだしたらロングを保留にして様子を見るなど、工夫をする

す。左側を見ると連動して動いている時期もありますが、右側の値動きは逆相関しています。

　こういうときには、ドル円をロングしようとする際は必ず株価チャートを確認して、NASDAQ100が上がりだしたらロングは手控えるといった姿勢で臨みましょう。

　連動性を活用したトレードも保守的に活用することが重要で、エントリーしてはいけない理由がないか、あるいは早めに決済しなければならない理由がないかを確認するために使います。

　NASDAQ100が上がっているというだけの理由で、ドル円をロングするようなことをしてはいけないということです。

▶ 相場は季節のように循環している

　マクロ経済を把握しようとするときにもうひとつ意識したいのは、相場の循環です。

図表17：金融市場の春夏秋冬

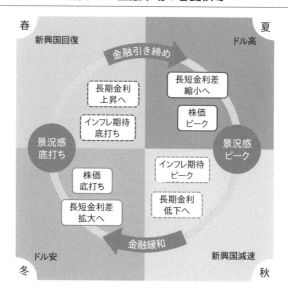

景気循環という用語はよく知られていますが、**景気だけでなく金利や株価も一緒に一定の方向で循環しています。**

まるで季節のように春から夏、そして秋を経て冬を迎えます。春から夏を飛び越えて、秋に至るようなことは原則ありません。

どんなに景気が悪く、株価が下がっている厳しい冬の時期があっても、永遠に景気が後退し続けたり株価が下落し続けたりすることもないのです。

中央銀行が政策金利を下げ、量的緩和を実施するなどしていくことで少しずつ株価や景況感は改善し、いずれ底を打ち、春を迎えます。

先進国の景気や株価が回復していくと新興国も後に続き、市場が決める長期金利も上昇に転じます。その後、株価がピークを迎え、景況感も高い水準が続く夏真っ盛りの時期がやってきます。

好景気と株高を謳歌する夏もやはり、永遠に続くことはありません。

こうした状態を放っておけばバブルになりかねないので、中央銀行は金利を上げたり量的緩和を縮小したりするなどして市場をクールダウンさせようとします。そしていずれ株価は天井を打ち、景況感は減速する秋が訪れます。

金融市場はこのように、季節が移ろうように循環しているので、トレーダーは常に今、自分がどの季節にいるのかを確認し、次に訪れる新しい季節へと備えておく必要があります。

手前みそにはなりますが、NOBU塾のYouTube動画はこうした金融市場が今どの季節にいるのか、季節の変わり目のサインがどこかに出ていないかということを視聴者に把握してもらうことを意識して作っています。

為替や金利、株価だけでなく金や原油、小麦価格や銅価格など少々マニアックな相場までチェックして紹介していますが、これはこうした情報を確認する必要があるというわけではなく、季節感を確認するための材料としてご紹介しています。

相場で生き残っていくためには、こうした大きな流れを意識して、うまく乗りこなす必要があります。川上に向かって泳いでも疲れるだけで進み続けることは難しいですが、これはトレーダーでも同じです。

大河の流れの方向を把握して、そこに乗っていくほうが明らかに有利にトレードができるのです。

▶ チャートはウソをつかない

金利や経済成長率、インフレ率、失業率、財政収支や経常収支など、マクロ経済のさまざまな要因を考え合わせて行うファンダメンタルズ分析は、チャートを分析するテクニカル分析の反対語のようにみなされているフシがありますが、僕はそうではないと思っています。

むしろ、ファンダメンタルズ分析はチャート分析そのもので、両者はまったく異なるように見えて、結局は同じではないか、と考えています。

　マクロ経済を理解するための知識を得て、常に最新の情報を把握して、お金がどこからどこへ流れているかを意識することはとても重要なのですが、その答えは常にチャートに刻まれています。

　理由や背景はファンダメンタルズを分析しなければわかりませんが、現実にお金がどう流れているかを観察するにはチャートを見るしかないのです。

　たとえ、誰にも知られないように大口の取引をしようとする投資家がいたとしても、大きな買いや売りがあれば必ずチャートに現れます。どこの誰がトレードしたかはわからなくても、大きなお金がどの方向に流れたかは、チャートを見れば誰の目にも一目瞭然なのです。

　チャートはウソをつきません。たとえ指標発表の前後にさまざまな思惑で上下に大きく振らされても、いずれ本来の流れに戻っていきます。

　ダマシに翻弄されたとしても、その動き自体は真実であり、常にチャートは信頼すべき存在なのです。

沈黙は言葉なくしても存在し得る。

しかし、沈黙なくして言葉は存在し得ない。

もしも言葉に沈黙の背景がなければ、

言葉は深さを失ってしまうであろう。

言葉と沈黙が一体をなしているのだ。

沈黙は神秘的なひとつの痕跡だ。

医師
マックス・ピカート
『沈黙の世界』（みすず書房）マックス・ピカートより一部改変

プライス
アクションを
制する者は
FXを制す

▶ 水平線だけを見ていると、失敗につながる

僕のトレードは常に水平線を意識し、水平線に基づいた判断をしています。しかしすでに解説している通り水平線は万能ではなく、それだけを見てトレードしていると重要な要素を見落としてしまいます。

第2章では引き付けるエントリーとして、「価格が下がってきて支持線にぶつかったら買いエントリー」という手法を紹介しました。

この手法だけで勝てるのであれば、支持線の水準に指値注文をして、利益確定と損切りの水準にも同様に注文を入れておけば、あとは放っておいていいわけで、チャートを見る必要などないことになります。

しかし、実際にそれをやれば、勝率は大きく下がります。水平線だけで判断していくトレードだと、値動きのスピードやエントリーしてはいけない時間帯がまったく考慮されていないことになりますし、株価や他の通貨ペア、時間足チャートがそのエントリーはNGというサインを出していても関係なく注文が執行されてしまうからです。

水平線はあくまでエントリー可能なポイントの候補を教えてくれるだけで、本当にそこでエントリーしてよいかどうかまでは判断できません。

水平線が教えてくれた候補の中で、本当にエントリーしてよいかどうかを決定するのは、環境や時間帯、そして値動きのスピードやチャートの形を含めた「プライスアクション」なのです。

たとえば、価格が徐々に下がってきて支持線にぶつかった、というのであれば反発する可能性は高いので有力な買いエントリーポイントになります。ですが、なんらかの突発的なニュースに反応してものすごい勢いで急落してきた場合、おそらくその支持線は機能せず、あっさり貫通してさらに下に行ってしまいます。

下落のスピードが速いと、たとえ損切りの逆指値注文を入れていても執

行されるポイントが下方向に大きく滑ってしまい、思わぬ大きな損失を被ることもあります。

　だったら、値動きのスピードが速ければ貫通する、と覚えておけばいいのだな、と思うでしょうが、それも正しくありません。

　ものすごい勢いで落ちてきて、いかにも貫通するように見せかけて、実際に少しだけ貫通したのに、いきなり反発して爆上げしていくというパターンもあるからです。

　いわゆる「ダマシ」で、これをしっかり見極められないと往復ビンタを食らうことになります。

　トレードには水準だけでなく、値動きのスピードや勢い、距離などが重要な意味を持つので、これらの要素を含めたプライスアクションを見極めて投資判断をする必要があるのです。

▶ 水平線の“貫通力”を見極めよう

　116ページの図表18に２つのチャートがあります。いずれももみ合いが続いてから突然、垂直に近い勢いで下落しているという点は共通していますが、もみ合っているレンジ相場の水準と水平線との距離が異なっています。

　左のように水平線とレンジとの距離がある程度離れている場合は、完全に下抜けることが少なく、一度は貫通したとしても反発して戻ってきやすい傾向にあります。

　逆に右のように水平線との距離がほとんどない場合はそのまま貫通していくことが多くなるので、下の支持線で逆張りの買いエントリーをするのはリスクが高く危険です。

　左のパターンの場合、買いポジションを持ってレンジ相場を見つめていた投資家は、レンジを下抜けたことで損切りの売り注文を一斉に入れてくるので、下落の勢いが強くなると考えられます。

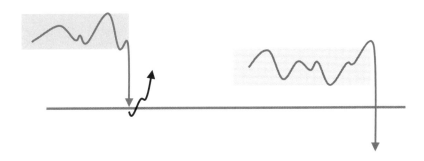

図表18：下落する２つのチャート

　なかなか損切りできなかった投資家も、下落幅が大きくなってくるとどんどん投げさせられてしまうので、売り物がなくなる水準まで下落が継続する傾向があります。

　そして、売り物がすっかりなくなったころに水平線に到達することになるので、水平線で反発しやすくなります。

　損切りさせられた投資家も、今度こそ反発するだろうと買いを入れてきますし、ショートで利益を上げた投資家による利益確定の買い戻しも入りやすくなります。

　これに対し、右のパターンの場合は、ロングポジションを持つ投資家の含み損がそれほど大きくないため持ち続ける人も多く、なかなか売り物がなくなりません。

　買いたい人も、もっと下で安く買おうと余裕をもって見ていることが多くて買いが入りにくく、そのまま下に抜けてしまいやすいのです。

▶ 値動きの距離にも左右される

　値動きのスピードはチャートの縦方向を見ますが、横方向で示される時間的な距離や間隔でも、その後の値動きは左右されます。たとえば、同じレンジ相場でも30分で終わるか、２時間続くかではその後の値動きが変わってきます。

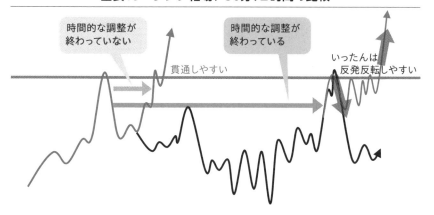

図表19：レンジ相場、30分、2時間の比較

時間的な調整が
終わっていない

時間的な調整が
終わっている

貫通しやすい

いったんは
反発反転しやすい

　図表19を見てください。青色のチャートではいったん抵抗線に到達した後に反落して少しもみ合った後、再度上昇に転じました。この場合のように時間的な調整が十分でない場合は、抵抗線を上に貫通して上がっていくことが多いので、安易に抵抗線で逆張りのエントリーをするべきではありません。

　逆に黒色のチャートのように反落してから長い時間もみ合って、距離ができている場合、再度抵抗線を試してもいったん抵抗線付近で反落しやすい傾向があります。

▶ スピードや距離も、時間帯には負ける

　たとえ、水平線があっても必ず反発するわけではないように、値動きやスピードや距離の条件も、必ずしもその通りになるわけではありません。**それよりも強力な影響を及ぼすのが、時間帯です。**

　第2章で、ランダムな動きになりやすいため取引を控えなければならない時間帯を紹介しましたが、こうした時間帯には機関投資家など大口の買いや売りが突然入ってくるので、チャートの法則が機能しなくなります。反発しそうな典型的な条件がそろっていても貫通するし、貫通する条件が

図表20：為替相場に影響を与える要素

経済指標、株価＞時間帯＞値動きのスピード＞時間的な距離＞水平線

そろっていても反発しやすいのです。

　特に、16時～16時７分、18時～18時７分、20時～20時７分、22時30分～22時37分にこうしたランダムな値動きになりやすいので注意する必要があります。

　ちなみにこれはすべてサマータイム時期の時間帯なので、ウインタータイムの時期にはそれぞれ１時間遅い時間で判断していきます。

　そして、時間帯以上に影響が大きいのが、経済指標の発表や株価などの外部環境です。**影響度の大きさは大きい順に、経済指標と株価、時間帯、値動きのスピード、時間的な距離、水平線となります。**

　もちろんこれも絶対ではなく、常にそれぞれの力関係がせめぎ合いながら為替は動いていきます。

　たとえば水平線は一番弱いとはいっても、週足レベルの強い水平線であれば雇用統計の激しい値動きの渦中にあっても反転するポイントになることがあります。

　また、経済指標といっても市場の注目度が高くない経済指標が発表されたタイミングでは、他の要素に負けることもあります。基本的な力関係は押さえながらも、状況に応じて柔軟に判断していくことが重要です。

　ここまで読んでいただいた方の中には、「なんだ結局、絶対はないのか」と思われている方も多いと思います。その通りです。だからこそ実力で勝ち続けることができる世界なのです。

　「絶対はない」と気づき柔軟かつ機敏に反応できるトレーダーだけが生き残っていくのです。

▶ プライスアクションシリーズ9選

プライスアクションは、典型的なチャートの形としても現れます。

こうしたチャートパターンを覚えておくとトレードにかなり活用できます。

ここでは、僕の経験上、勝率が高いと感じている9つのチャートパターンを紹介していきます。

便宜上、上昇局面を前提に解説していますが、方向を逆にした下落局面でも同様に活用できるので、下落局面で使いたいときには上昇を下落に読み替えてください。

①グインダウ

図表21：グインダウ

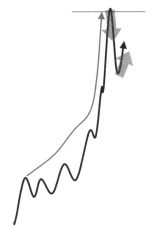

バイイングクライマックスやセリングクライマックスともいわれ、天井圏や底値圏で出現しやすい値動きです。

上昇局面が続いた後で、そのトレンドが最後の力を振り絞るように、まるでグイーンと音が聞こえてきそうなほど、反り上がるような急角度で上昇し、抵抗線にぶつかって急落してくるパターンです。

このパターンが出現したら、**抵抗線にぶつかった後の急落を狙う逆張り
トレードのチャンスです。**ただし、短い時間足の抵抗線や弱い抵抗線では
簡単に突破していくので、必ず４時間足以上で出現する強い抵抗線を使っ
てください。

　特に天井圏でこうした強い勢いの上昇を見せた後は、上昇幅の４分の１
〜３分の１ほどの大きな下落になることが多いです。なにしろ急激な上昇
に乗っていたトレーダーたちの利益確定の売りや損切りを巻き込んで急落
するので、その下落の勢いも激しくなります。

　下落に転じたあと、少なくとも一度は反発する傾向があるので、その反
発局面も狙えます。

②グワンダウ

図表22：グワンダウ

　レンジ相場でずっと上値が押さえられているけれど、下値を少しずつジ
ワジワと切り上げながらレンジの値幅を狭めていき、最後にレンジの上限
となっていた抵抗線をブレイクしてグワーンと上昇していく形です。

　単なるレンジブレイクではなく、上値を押さえ込みながら下値を切り上
げていくのがポイントです。

　溜まっていたエネルギーが爆発するときの勢いを利用してトレードする
イメージで、ブレイクしたときにエントリーします。**これはかなり強い上
昇シグナルなので、**このときは第２章で解説した「２度目のブレイクアウ

ト」を待たずにエントリーしてOKです。

　この形は底値圏で出現すると、非常に強い上昇サインになります。

　底値圏というのも曖昧な表現ではありますが、スキャルピングの場合は
1時間足や4時間足を見てかなり下がってきているなと感じられるところ
で出現するのが理想的なパターンです。

　ダラダラと下値を切り上げていくのは、売りのエネルギーが二番底をつ
けに行くほどには強くなく、買いたい人のストレスが溜まっている状態で
す。本来は二番底をつけてから上昇に転じるのがオーソドックスな形です
が、二番底をつけたい人たちと早く買いたい人たちがせめぎ合って、早く
買いたいチームが勝利したときにブレイクするわけです。

　これに対し、天井圏で出現する上向きのグワンダウは、ちょっと上がっ
てすぐに反転するというようなダマシに合うケースが多くなるので注意し
たいところです。

　**僕の場合は、底値圏で出現した上向きのグワンダウにはレバレッジ高め
で強気のエントリーをしますが、高値圏の場合は見送るかロット数を抑え
てエントリーするようにしています。**

③ダマシ型グワンダウ

図表23：ダマシ型グワンダウ

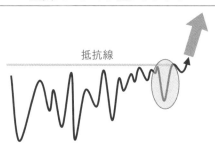

抵抗線

チャートの法則の裏をかかれる「ダマシ」は、トレーダーの敵であり、

これがあるからテクニカルなんて信用できない、と忌み嫌う人は多いかもしれません。

　でもダマシは、うまく活用できれば強力な味方になります。**なぜなら、ダマシ後の値動きを利用することでトレードの勝率を高めることができるからです。**ダマシがあるからこそ、勝率を高めることができるのです。

　僕がかなり信頼しているチャートパターンのひとつに、「ダマシ型グワンダウ」があります。その名の通り、グワンダウの派生形で、これが出現したときはかなり高い確率で利益をあげることができます。

　抵抗線に向かってじわじわと下値を切り上げ、これは突破するのではないか、と期待させるようなグワンダウの動きが見えます。しかし抵抗線にぶつかった後で大きく下げてしまい、切り上げてきた下値を下回ってしまいます。

　これはグワンダウの出来損ないのように見えて、実はグワンダウよりも成功率が高い「ダマシ型グワンダウ」を形成する前兆です。**下げたところから再度下値を切り上げていき、もう一度グワンダウを形成してレンジの上限を突破したところで買いを入れます。**

④ダマシ

図表24：ダマシ

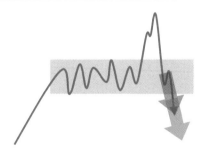

　前述した通り、**ダマシは必ずしも敵ではなく、むしろダマシを活用したほうが勝率が高まる局面は多くあります。**特にレンジ相場をブレイクした

後で、その力が継続せずにすぐにレンジに戻ってきたようなパターンはむしろおいしいパターンです。

　図表24のチャートのように、大きく上にブレイクアウトしたと思いきや、急に失速して戻ってくるダマシがあります。

　こうしたときには、直前のレンジ幅の６割ほどまで下がってきたタイミングが、ショートのチャンスです。こういうときにはそのまま続落していくことが多いからです。もう少し安全に勝率を上げたいという場合は、レンジ下限を破ってきたタイミングでショートを入れても利益は取れます。

　ただ、これは出現するタイミングが重要です。図表25の左のチャートのように天井圏で現れると続落していく可能性が高まりますが、右のチャートのように底値圏で現れるとダマシの後にさらに反対側にもダマシが発生して反転上昇していく可能性が高まります。

図表25：下方向へのダマシ

　また図表26のように上方向のブレイクアウトのダマシが起きる前に、下方向にもダマシがあるという場合は、このパターンに当てはまりません。**これは単にレンジの幅が広がっているだけでレンジ相場は継続しているので、エントリーしてはいけない局面です。**

図表26：ダマシにおける注意点

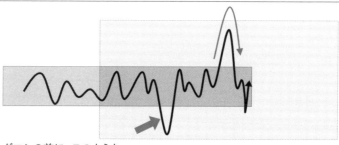

ダマシの前に、このような
底固め（逆ダマシ）がある場合には
素直に下に貫通しないため注意が必要!!

⑤カップアンドハンドル

図表27：カップアンドハンドル

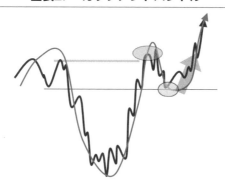

　図表27のカップアンドハンドルは有名なチャートパターンで、カップ
ウィズハンドルともいわれます。

　その名の通り、取っ手のついたティーカップのような形をしたパターン
で、一般的にはこの形が出てくると強い上昇が期待できるとされていま
す。

このため、取っ手の部分を形成した後の上昇を狙う使い方が多いのです

が、僕はその前の、下落前の高値に到達してカップ部分を形成した直後の、取っ手を描き始める急落と反転上昇の流れを狙います。

つまりカップの両端が形成されて、少し上昇したところのショート（黒色の丸マークからのショート）を狙うのです。

そして、その後は反発して上方向に向かうので、反発を確認したらロングも狙うという使い方です（青色の丸マークのポイント）。

取っ手を形成して、ブレイクした後の大きな上昇を狙うのも悪くはないのですが、利益確定で欲張らないようにしましょう。

⑥2倍ルール

図表28：2倍ルール

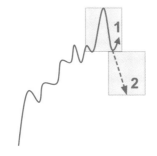
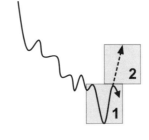

この章で紹介しているチャートパターンは、主にエントリーのチャンスを教えてくれるものなのですが、**この2倍ルールは、唯一身を守ることを目的としたルールです。**

このルールが発動するのは、もみ合いを続けた後で、急にレンジ上限や抵抗線を突破して上昇したと思ったら、突然下落に転じてしまったようなケースです。俗にいうダマシです。

一度はブレイクアウトしたのに、「行って来い」状態で戻ってきてしまったとき、突破した抵抗線と上昇時の高値と底値をボックスの上辺と下辺にした四角枠（ボックス）を描いてみましょう。

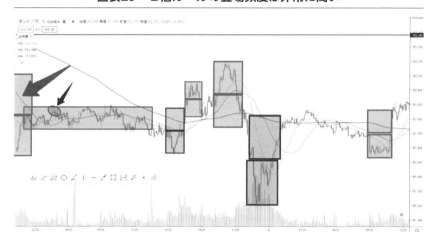

　このボックスをもうひとつ下に重ねた２倍の長さの値幅分の範囲内では、そのまま下落していく可能性が高いと考えて、この範囲内では決してロングでエントリーしないというルールです。

　この２倍ルールはすでに紹介した④のダマシなど、他のチャートパターンと併用することも可能です。

　併用するときも、単体で判断するときでも、いずれにしても重要なことは、これで利益を狙うのではなく、間違ったエントリーをしないための防衛策として活用したり、利益確定や損切りを早めたりするという保守的な使い方をする必要があるということです。

　たとえば、買いエントリーの条件がそろっていても２倍ルールに反しているようならエントリーを見送る、利益確定のラインが２倍ルールの外にあったとしたら、利益確定を早めて２倍ルールの中に収まるよう早めに行う、といった具合です。

　というのも、この２倍ルールは、水平線に比べると値動きに与える影響

が弱いからです。そのため僕の場合、**ダマシのような山がチャートにできたときは、念のためその山の2倍の深さまで下がり切るまではロングはしない、というように使っています。**

　山や谷を形成する前の値動きは、明らかなレンジ相場である必要はなく、多少のもみ合いが見られれば2倍ルールを適用してOKです。

　2倍の動きをすると想定したエントリーをするのではなく、2倍の動きをしても損をしないようなトレードをするためのルールなので、ゆるい基準で発動させてOKです。

⑦トサカブレイク

図表30：トサカブレイク

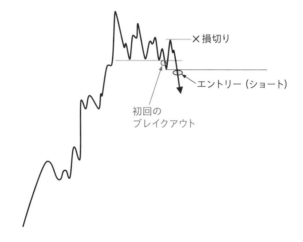

これは**グインダウの後に続けて出ることが多いチャートパターンです。**
高値圏でグインダウを形成した後、三角の形を形成しながらもみ合いが続いて、一度支持線を下抜けたように見せておいて、また上に戻ったと思ったら、その後一気に下に抜けるパターンです。

　これは三角保ち合いというチャートパターンに2度目のブレイクアウトが同時に出現している形です。

初回のブレイクアウトで素直に下抜けることなく一度支持線の上に戻るダマシを形成しておいて、その後再度下がってくるのが特徴で、このパターンでは成功率が非常に高くなります。

これもダマシがあるからこそ信頼度が上がるパターンで、三角の形が鶏のトサカのようなので、このように命名しました。

⑧ダラダラ君

図表31：ダラダラ君

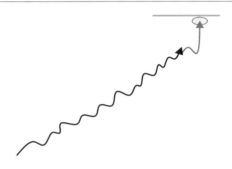

これは1分足や3分足で登場すると、かなりおいしいチャートパターンです。このように強い勢いはなくダラダラと上昇し続けているときは、その値動きのままいきなり下落に転じることはあまりありません。

それまでのダラダラとした上昇とは明らかに異なり、突然、最後の力を振り絞るように急角度の上昇を見せてから、下落することが多いのです。

急に角度を上げて上昇したところで水平線にぶつかったら、売りエントリーのチャンスです。

これはグインダウにも似ているのですが、直前までの上昇局面にグインダウほどの勢いがないのが特徴です。ダラダラと緩やかな角度で上昇を続け、最後にきゅっと上げていくようなイメージです。

この上昇方向のダラダラ君が形成されているときは、ダラダラ上げの途

中で抵抗線に到達したからという理由だけで逆張りの売りを入れるのは厳禁です。最後の急上昇で上がり切るのを待って、十分に引き付けてから逆張りのエントリーを入れましょう。

⑨頭を垂れる稲穂君

図表32：頭を垂れる稲穂君

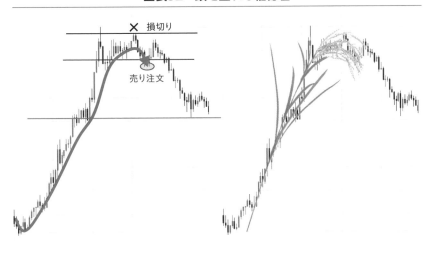

「実るほど頭を垂れる稲穂かな」ということわざがありますが、まさにずっしりと中身の詰まった米をたくさん実らせて重くなった稲穂のように、ゆるやかな右肩下がりのアーチを描くチャートパターンです。

　このような場合は、それまでの上昇のアーチを帳消しにするぐらい下の位置にある支持線まで下がっていく傾向があります。

　高値圏でこの形が現れたときは売りサインになることは覚えておくといいでしょう。

美しい景色を探すな。

景色の中に美しいものを見つけるのだ。

画家
フィンセント・ファン・ゴッホ
『ファン・ゴッホの手紙』(みすず書房)フィンセント・ファン・ゴッホより超訳

相場で生き残る
ためのデイリー
ルーティン

▶ ルーティンを築き、勝利を手に入れよう

この章では、僕がトレードする際に毎日欠かさず行っているルーティンについて紹介します。

元メジャーリーガーのイチロー氏が現役時代に、ホームゲームで自宅にいる日はカレーを食べていたという話は有名です。精神的にも肉体的にも大きな負荷がかかる試合の前は、自分の好みにも体質にも合った安心できるメニューを食べて、コンディションを整えていたのではないでしょうか。

FX取引も同様で、トレーダーの心身には大きな負荷がかかります。**こうした厳しい時間に向き合う前に必要な準備をしっかり行い、前日のストレスや相場に対する先入観をリセットし、フラットな心身状態を整える必要があります。**

1日のトレードを終えるときも同様に、その日のトレードを振り返り、翌日につなげるための作業を淡々と実行します。

やるべきことが多くて大変に思えるかもしれませんが、相場で生き残るためにはどれも必要な作業です。

慣れるにしたがって、呼吸をするようにできるようになるので心配はいりません。**まさに継続は力なのです。**

▶ トレード前のルーティン① 水平線を引く

僕がトレード前、最初にやる準備は、チャートに水平線を引くことです。月足や週足に毎日改めて線を引くことはありませんが、日足、4時間足から順に値動きを確認しながら慎重に水平線を引いていき、トレードに使う時間足を決めます。

水平線同士の幅や値動きを見て、最もトレードしやすい時間足を選ぶわ

けですが、相場の流れは1日の中でも変化するのでずっと同じ時間足を使うというわけではありません。

　水平線はトレード中も随時修正していき、値動きが激しくなったらひとつ長い時間足に変更するなど1日の中でも柔軟に対応していきます。

　日足や4時間足は前日に引いたものを残しておいてそのまま使ってもかまわないのですが、慣れないうちは毎日引き直すことをお勧めします。

　残しておくと前日までの相場に対する先入観や、儲かったとか損したという感情を引きずってしまいやすいからです。

▶ トレード前のルーティン② 経済指標発表時間やイベントを確認し、チャートに縦線を引く

　水平線を引き終わったら、その日に予定されている経済指標の発表時間やイベントを確認します。

　相場に大きな影響を与えそうな指標発表やイベントがあれば、チャートのその時間帯に縦線を引いていきます。

　僕が愛用しているTradingViewのチャートでは、まだ値動きがない未来の時間帯であっても、特定の時間に縦のラインを引くことができるのでとても便利です。

　第4章でも解説しましたが、僕は経済指標の発表や要人発言が飛び出しそうなイベントの前後にはトレードしないことにしています。

　しかし、トレードに集中しているとそれをすっかり忘れてトレードを続けてしまい、痛い目に遭うことがあります。

　そこで、忘れないように未来のチャートに線を引いておくのです。

　トレード中、右端にこの縦のラインが見えてきたら、そろそろ手仕舞いだ、とわかるのでとても便利です。

▶ トレード前のルーティン③ ファンダメンタルズを確認する

　チャートの準備ができたら、経済ニュースを巡回してファンダメンタルズを再確認します。

　僕自身がファンダメンタルズをコンパクトにまとめた動画を作って公開している立場なので、さまざまなニュースソースを日々チェックしていますが、**一般のトレーダーであれば僕のような情報発信者がまとめている投稿をうまく活用すると、短時間でファンダメンタルズを把握できます。**

　特にツイッターは速報性が高く、便利です。

　情報源をフォローする際は、自身の主観や相場観をツイートするアカウントではなく、**ストレートニュースのリンクなど、ある程度客観性が担保された情報を発信しているアカウントを選びましょう。**

　ポジショントークをするアカウントをフォローするとその発信者の相場観に影響されてしまったり、チャートもその通りに動くと思ってしまい、損切りが遅れる要因になるので危険です。

　僕のツイッターアカウント（@JACK_ORAN21）では、僕自身のつぶやきは少ないのですが、毎朝重要な経済ニュースなどをわかりやすくまとめている投稿をリツイートしているので、よかったら活用してください。

▶ トレード前のルーティン④ ウォーミングアップをする

　為替相場はほぼ24時間動いているので、**トレードを始める前に自分が見ていなかった時間帯の値動きを確認しておくことも重要です。**

　チャートを見れば一目でわかるものではあるのですが、余裕があれば結果を見るだけではなく第3章で説明したリプレイの機能を使うことをお勧めします。

　再生速度は10倍まで上げられるので、その先の値動きを想像しながら

チャートを追っていき、直近の値動きでトレーダー達が何を考えているか想像することが大切です。

▶ トレード前のルーティン⑤ その日のトレードのシナリオをつくる

　ここまででトレードに必要な情報を収集できたので、トレードのシナリオ作りを始めます。

　水平線や指標発表のスケジュールを見ながら、「この水平線まで落ちてきたら反発しそうだ」「〇時の指標発表の〇分前にはすべてのポジションを手仕舞って、〇時ごろから流れが見えてきたら再開しよう」といった具合に、その日の値動きを思い描きながらざっくりしたシナリオを立てます。

　上に行くパターン、下に行くパターン、もみ合うパターンなど複数の値動きを想像することが大切で、どう動いたらどう行動するか、エントリーから決済までのシナリオをあらかじめイメージしておきましょう。

　第2章で説明した15分足を使った損切り幅設定も、ここで計算しておき、損切りになっても1回の損失許容額に収まるようロット数も計算しておきます。

　トレードを始める前にこの作業を行うのは、極めて重要です。
　頭がクリアな状態で、感情的になっていないときに決めたシナリオは、自分が立てることができるトレードシナリオの中では最も的確で信頼できるはずだからです。
　値動きに夢中になっていると水平線への到達を待ちきれなかったり、別の値動きもチャンスに見えてしまったりして、冷静な判断が難しくなっていきます。

　その一方で冷静な状態のときに立てたシナリオを尊重するのはとても重要ですが、シナリオにとらわれ過ぎないことも大事です。同じ日でも数時

間経過すると相場の流れがまるで変わってしまうということは往々にして
あり、臨機応変にシナリオを組み立て直す勇気も必要です。

　冷静なときに立てたシナリオを尊重しながらも、相場の変化に臨機応変
に対応する、これらは一見矛盾しており、さじ加減はとても難しいのです
が、こればかりは経験を積みながら体で覚えていくしかありません。

▶ トレード後のルーティン① トレードブックをつける

　**第3章でトレードブックをつけることをお勧めしましたが、これはト
レーニング期間が終わっても同様に続けてください。**

　つけ方は基本的には同じです。日記のようにただその日のトレードを網
羅的に記録するのではなく、新しい課題や学び、失敗について記録してい
きます。

　僕の場合は、手書きで簡単なチャートを描いて、失敗したエントリーと
決済のポイントを描いて、考えられる敗因をメモします。決済の後も値動
きをチェックして、それも記録します。**決済後の値動きにも次につながる
ヒントが隠れているからです。**

　新しい失敗をするたびに、トレードブックの内容が充実していきます。
失敗はつらい経験ですが、新しい学びをトレードブックに追加できるとい
う小さな喜びがあることを実感してください。手元の資金が少しくらい
減っても、その一つひとつがトレーダーとしての自身の成長につながって
おり、長い目で見れば宝物となります。

　損失を出したときは自戒の思いが強くなるので、トレードを振り返った
り敗因を分析したりするのは精神的に負荷がかかる作業となります。

　しかし、このプロセスを省略すると本来は大きな価値があるはずの失敗
体験がただの損失で終わってしまいます。自らの感情も観察しながら、
淡々と記録するよう努めてください。

　ちなみに、**ここでいう失敗とは、イコール損失ではないので注意してく**

ださい。失敗トレードをしてもたまたま利益が出てしまうことはあります。

こうした間違った成功体験は将来の大損失につながりやすいので、結果オーライではなく必ず失敗としてトレードブックに記録し、再発防止を図ってください。

▶ トレード後のルーティン② 収支を記録

その日のトレードが終わったら、トレードブックへの記載とは別に収支を記録します。プラス1万円とか、マイナス2万円といった簡単な記載でOKです。エクセルを使うと残高も自動で管理できるので便利です。

目標に届かなかった日やマイナスを出してしまった日は、その日でいったん収支をリセットして、翌日以降に持ち越さないようにしてください。

たとえば1日3万円×20日、月60万円の利益を目標にしている場合、1万円しか利益が出なかった際にその日の不足分を翌日の目標に上乗せをして5万円にするようなことをしてはいけません。

損失が出たときも同様で、翌日の目標を引き上げて損失をカバーするようなトレードを自分に求めてはいけません。

同様にして、損失が出た日には月の目標も下げます。月の初日の利益がゼロなら月間目標も57万円に下げ、さらにマイナス1万円の損失を出したときには月間目標も56万円に下げるのです。

昨日の損を取り返そうとしたり、日利1％より大きい利益をあげようとしたりすると必ず無理が生じて、本来の正しいトレードができなくなります。**前日のトレードに影響されることなく、常にフラットな状態で相場に向き合うことが重要です。**

▶ 日利1％に届かなくていい

　本書の目標である日利1％を達成したら、その日のトレードは終わりです。今日は調子がいいとか、この後もっとチャンスがありそうだと思っても、それは正しいトレードを邪魔する欲望が顔を出している状態なので、無条件にアプリを閉じるか、PCをシャットダウンしましょう。

　ただ、誰もが毎日この目標を達成できるわけではありません。**日利1％は適正な目標の上限なので、もっと下げる分には0.8％でも0.5％でもOK**です。下げるほど負荷が小さくなって目標を達成しやすくなるので問題ないと考えています。

　トレードに必要な集中力や脳の体力には限界があり、疲労が重なるほど失敗につながりやすいので、日利1％に必要以上にこだわらず疲れたなと感じたら潔くトレードを終えましょう。

▶ 勝てるトレーダーと負けるトレーダーは、
　日常でもメンタル状態が異なる

　経験の少ない人は、FXは手法が重要だと考える傾向が強いのですが、経験を重ねるほどメンタルの重要性を認識するようになります。

　僕もFXの成績の8割以上はメンタルで決まると考えていますし、その重要性を説くトレーダーはとても多くいます。

　メンタルのマネジメントは極めて重要ですが、取引しているときだけトレードにふさわしい精神状態を維持しようとしても、実際はかなり無理があります。

　大切なお金をリスクにさらすトレード中は感情を激しく揺さぶられたり、大きなストレスがかかったりする局面が多く、トレーダーのメンタルは過酷な精神的負荷にさらされます。

トレード中に比べれば、さほど大きな負荷がかからない普段の状態でもメンタルがブレまくっている人が、トレードの場面でだけ静寂な心理状態を保つなど到底無理な話です。

▶ 20分歩いてやっとたどり着いたクレープ屋さんが　定休日、そのときどんな行動をとるか

先日、家から歩いて20分ぐらいの場所においしいと評判のクレープ屋さんがオープンしたので、さっそく出かけてみることにしました。子どもたちは学校や幼稚園に行っている時間だったので、妻と話をしながら歩いて向かいました。

到着すると、なんとその日は定休日で、営業していませんでした。

おいしいクレープを楽しみに20分も歩いてきたのに、これはショックです。僕はこのとき、自分自身の心理状態が、FXでのメンタル管理に通じるものがあるなあと感じました。

勝てないトレーダーはこういうとき、「せっかく20分も歩いてきたんだから、このまま何も食べずに帰るなんて嫌だ。せめて何か別のおいしいものを食べて帰りたい」と思ってしまいます。

別のスイーツショップを探してみたり、コンビニでアイスを買ったりしてしまいます。おいしいクレープを食べる気満々でいたのですから、せめて何か別の甘いものを食べなければ気が収まらないのです。

これはまさに、「リベンジトレード」の心理状態です。「損失を出してしまったらそのままでは終われない」、あるいは「せっかく何時間もチャートを見つめていたのに何もしないままでは終わりたくない」という状態です。

次のトレードでなんとか取り戻してプラスで終えたい、今までチャートを見つめ続けた時間を無駄にしたくないという思いを抱えて相場に向かってしまうと、正しいトレードができません。

本来ならチャンスが来たときにだけエントリーするはずなのに、損失や

時間を取り返すためのトレードをしてしまい、結果としてエントリーすべきではない場所でエントリーして損失を出してしまいます。

　勝ち続けているトレーダーであれば、クレープ屋さんが定休日だとわかっても、別の店でリベンジしようという発想にはなりません。

　クレープを食べられなかったのは残念だけど、往復40分も歩けて運動もできたし、その間パートナーとゆっくり話をすることができたのだからOKなんだと自分を納得させることができます。定休日がわかったのだから、別の曜日に再訪するという楽しみができたと考えることができるのです。

▶ 青信号を待てない人は、トレードで失敗しやすい

　実はこうした場面は、日常にたくさんあふれています。

　たとえば、急いでいるときに目の前の信号がなかなか青にならないと、イライラしませんか？　並んでいるスーパーのレジがなかなか進まないので隣のレジに移動したら、結局最初に並んでいたレジのほうが早く進んで悔しい思いをした、ということはないでしょうか？　車の運転中にクラクションを鳴らされて無性に腹が立ったことはありませんか？

　信号が青に変わるのを待てない人は、トレードでも決めておいたエントリーポイントを待つことが苦手で、十分に引き付けるトレードができない傾向があります。

　日常生活では、信号を無視したおかげで早く到着できるという結果オーライな状態を経験したことがある方もいるかもしれませんが、これはまさにトレードと同じです。

　ルールを破ってたまたま成功する経験をしてしまうと、そのときはよくてもいつか痛い目に遭うので、相場で長く生き残ることが難しくなります。

同様に、隣のレジの方が早く見えて列を変わってしまう人は、あらかじめ決めたエントリーポイント以外の値動きがチャンスに見えてしまいがちで、質の悪いエントリーを乱発してしまう傾向があります。

　クラクションについても同様で、うまく気持ちを切り替えられずに怒りを引きずってしまう人は、損失を出した後に無理なリベンジトレードに走りがちです。

　こういう人が、トレードの場面でだけ冷静さを保ち続けるのは当然難しく、むしろトレードの場面では感情の振れ幅が日常生活よりもさらに増幅されてしまうことになります。

　交差点ではどんなに急いでいても、周りの人がじっと待っていたり、子どもが一緒だったりすれば我慢して青信号を待てるという人は多いのではないでしょうか。しかし、周りに誰もいなければ赤信号でも平気で渡ってしまう人もいます。

　日常生活では人目を気にして感情を抑えようとする作用が働きますが、誰も見ていないトレードルームではルールは破り放題になりやすく、自分の感情のままに行動してしまいがちなのです。

　こうした行動は、必ずしも性格だけに起因するものではなく、その日の心理状態にも影響を受けています。

　たとえば、宝くじで3億円当たった日であれば、目の前の信号がなかなか変わらなくてもそんなにイライラしないはずです。隣のレジがスイスイ進んで自分が並ぶレジが渋滞していても、さほど気にせず待つことができるものです。

　同じ物事に対しても、人によって感じ方が違うのはもちろんですが、同じ人でもそのときの環境によって反応には大きな差が生まれます。

　自分はどんなときに感情的になりやすいかといった弱点を把握しておくことができれば、感情的なトレードを未然に防ぐことが可能となります。

▶ ゴミ拾いはきれいごとなのか

　僕はときどき、「GIZENゴミ拾い」と称して、近所でゴミを拾って片付ける活動をしています。ゴミ拾いなんて、偽善的な行動だと思う人は多いでしょう。その通りだと思います。

　偽善的どころか、経済合理性もありません。道端のゴミなんてそのうち誰かが拾ってくれるものですし、一時的にきれいにしたところでまた誰かがゴミを落としていくに決まっています。

　もし、周りの人が見つけてくれて、「あの人が道でゴミ拾いをしていたよ、なんていい人なんだ！」と世界中に吹聴してくれるのであればメリットはあるでしょうが、ゴミを拾っている時間に限って誰も通りかからないのが世の常です。

　そんなことをする暇があったら仕事をしているほうがよっぽど生産的ですし、家族や友達と過ごす時間に充てればより充実した時間になるでしょう。ゴミは拾わないよりは拾うほうが正しい行為ではありますが、時間的、金銭的には明らかに無駄な行為なのです。

　これは、損切りにとてもよく似ています。損失を確定するという行為には、その時点での経済合理性があるとはいえません。長時間チャートを見つめてエントリーポイントを探すという仕事を一生懸命したにもかかわらず、損失を確定するなんてまさにお金も時間も無駄にする行為です。

　経済合理性で判断すれば明らかに間違っているのに、それでもやらなければいけないのが損切りであり、トレードルールの厳守です。

　ゴミ拾いであれば、運が良ければ誰かが見つけて褒めてくれるかもしれませんが、損切りは誰も見ていませんし、褒めてももらえません。ゴミ拾いでお金がなくなることはありませんが、損切りは利益に転じる可能性を断ち切ってマイナスを確定させる行為です。

要するに損切りは、ゴミ拾いよりもはるかに難しい行為なのです。

ですから、ゴミ拾いができるような心構えがなければ、損切りなんてとてもできないとも言い換えることができます。

僕がゴミ拾いをしているのは、誰も見ていなくても正しい損切りができる心理状態をキープするための訓練でもあります。

ゴミ拾いも損切りも正しい行為（トレード）です。誰も見ていないところで淡々と正しい行動をとり続けることがトレードを精練させていくうえでとても重要なことです。

その真実をゴミ拾いは僕たちに教えてくれています。

▶ 日常生活でトレードメンタルを鍛えるには

では具体的に、損切りができるメンタルを鍛えるにはどうしたらいいのでしょうか。ゴミ拾いをすればいいのでしょうか、それともイライラしないように自分を律すればいいのでしょうか。

もちろん、それも間違っていないと思いますが、イライラしてしまうものは仕方がないことで、それを無理やり抑え込もうとすると、今度はそれができない自分への罪悪感や自己否定といった別の感情が生まれてしまいます。

トレードのメンタルを鍛えるために重要なのは、自分の感情を否定するのではなく、観察することです。

イライラしてきたら、「あっ、自分は今イライラしているな」と認識して、その後どんな気持ちになってどんな行動を取りたくなるかを観察しましょう。

同じ赤信号でも、イライラする時としないときがあると思います。

どうしてこんな違いが生まれるのかを観察し、どんなときに自分がイライラしやすく、どんなときなら平静でいられるのかも考えてみましょう。

こうした癖をつけることで、自分がどんなときにイライラしたり、怒りを感じたりするのか、またどんなときに浮かれてしまうのか、といった感情の浮き沈みの背景や原因、気持ちの変化、とりやすい行動がわかってくるようになります。

**　エントリーポイントになかなか達しなくてイライラしてきて、もう買いボタンを押してしまおうかと思ったとき、「あっ、信号が変わるのを待てなくてイライラしたときと似ているな」と気づくことが大事です。**

　自分は引き付けるトレードが苦手なのだと認識できれば、思い切って引き付けるエントリーはせずに追いかけるエントリーだけに絞り込むこともできますし、「寝起きがスッキリしない日に、午前中のトレードでイライラしやすい」と気づくことができれば、そういう日は1日休むことでトータルの成績を上げられる可能性もあります。

**　自分の喜怒哀楽や感情のブレを打ち消して乗り越えるのではなく、それをうまく利用することを考えるほうが効果的です。**
　クレープ屋さんが定休日だったことをあきらめきれずにコンビニでアイスを買ってしまったら、そんな自分を責めるのではなく認めてあげていいのです。
　トレードで似たような場面に遭遇したら、このことを思い出して慎重に自分の心の動きやクセに向き合ってください。

▶ 強みと弱みを知ることでトレードは劇的に改善できる

　僕はトレードを個別に教えることを頼まれることが多く、たくさんのトレーダーに個別指導をしてきたのですが、**感情の起伏が少ない人はとてもトレードに向いていると感じます。**
**　そういう人はルールを守るのが上手で、たとえ損失を出してもルール通りに損切りできたことに満足できる傾向があります。**

しかし、そういう方は、話をしていても何を考えているのかよくわからないことが多いですし、コミュニケーション能力がそれほど高くないように見えることもあります。

　集合時間に間に合わせるより信号を守ることを重視するような人は、時間にルーズな人だと思われている可能性もあるでしょう。トレーダーとしては強力な資質を持っていても、対人関係などは苦手だと思われている方も多いかもしれません。

　何が言いたいのかというと、その人の資質というのは一律に良い悪いと分けられるものではないということです。

　トレーダーに向いている人も、そうでない人も、それを否定したり直そうとしたりする必要はないと考えています。**日常の生活から自分の心の動きを観察し、強みと弱みを知ることで、トレードの質を向上させることが可能なのです。**

エキスパートとは
ごく限られた分野で
ありとあらゆる間違いを
すべて経験した人物のことだ。

ノーベル物理学賞受賞者
ニールス・ボーア
『ニールス・ボーア論文集1因果性と相補性』
（岩波書店）ニールス・ボーアより一部改変

すべて
「逆」の感覚を
身に付けよう

▶ 勝ち続けるトレーダーは常に逆を行く！

　ここまでの章で、勝ち続けるためのFXトレードについて解説してきました。ここまで読んでくださった読者の皆さんはもう、「FXは楽をして儲けられるもの」という感覚は持っていないと思いますが、FXに興味を持ってトライしてみようとする人の多くはこうしたことを期待しています。

　快適な自宅でPCに向かい、あるいはスマホを片手に、コーヒーでも飲みながら手元をカチカチ動かしているだけで、モニター画面の口座の残高がどんどん増えていくような姿を想像し、あこがれをもってFXの世界にやってくるわけです。

　しかし、ほとんどのトレーダーが2年も持たずに引退するといわれているように、実際にやってみればそんなにうまくはいかないことにはすぐに気が付きます。

　そこに気が付いてからが本当のスタートになるわけですが、それでも、より早く楽をして大きく儲けたいという欲望、損をしたくないという恐怖心に支配された状態からは、なかなか抜け出すことはできません。

　そのために、勝率の高いエントリーポイントを待ちきれなかったり、損切りが遅れてしまったり、利を伸ばそうとして逆に利益を取り損ねるという事態に陥ってしまうのです。

　本書ではこうした人たちが勝ち続けられるトレーダーになるために何をしていくべきかということを解説してきたわけですが、これらの行動はある一言で言い表すことが可能です。

　それは、「すべて逆」ということです。自分がやろうとしていること、やりたくてうずうずしていることすべてに対して逆を行うことで、勝ち続けられるトレーダーに近づくことができます。

たとえば、ビジネスやスポーツなどで成功した人の共通点として、決してあきらめない、好奇心を大切にする、チャレンジ精神がある、といったことが挙げられますが、いずれもFXでは致命傷につながりかねない姿勢です。

FXでは少しでも雲行きが怪しくなったらすぐにあきらめて損切りする必要がありますし、むやみやたらに好奇心やチャレンジ精神を発揮してしまうと質の悪いエントリーの乱発や、損切りの遅れにつながってしまいます。

現代社会の成功者の法則ですらまったく通用しない、むしろ逆を行かなければならないのが、FXなのです。

すでに本書で解説しているものもありますが、一般的な考え方の逆を行かなければならない例を以下にご紹介します。

▶ (1) エントリーしてから損切りラインを決めてはいけない

多くの人はエントリーしてから、どこで利益確定しようとか、ここまで行ったら損切りだなと考え始めるものです。

それはなぜかというと、エントリーする前やその瞬間は、希望に満ちてワクワクしているからです。

これは勝てそうな値動きだ、ここでエントリーすれば利益が出るのではないか、早くエントリーしなくては、と期待で胸をいっぱいにして、利益を出して喜んでいる自分の姿をエントリー前にイメージしてしまっているのです。

しかし、そのエントリーの際に含み損を抱える自分や、損切りを実行したときのイメージを持っている人はほとんどいません。

これがまさに逆なのです。利益を得た自分しかイメージできていないと、イメージ通りの利益確定しかすることができません。

相場が思惑と逆に向かったときに躊躇なく損切りを実行するには、エン

トリー時点で損切りしている自分を明確にイメージし、しっかりとそのイメージを固めてからエントリーする必要があるのです。

　エントリーしてから損切りラインを決めるのではなく損切りラインを決めてからエントリーすることで、損切り幅が先に決まります。その結果、1回の取引で許容する損失額に収まるようロット数を決めることになるので、資金管理もできるようになります。

　さらに、損切り幅とロット数を決めない限りエントリーができないということは、その場の思い付きによる軽率なエントリーが物理的にできなくなるという点も大きなメリットです。

　そうなれば想定を上回る損失を被ることもなくなるので、メンタルも安定します。**エントリーは損切りラインを決めてから、というルールは、極めて重要なルール**です。

　多くのトレーダーと同様にエントリーの後に損切りのポイントを決めていると、エントリーした時点の状況ではなくその後の値動きで、自由自在に損切りポイントを動かすことができてしまいます。

　本来なら損切りしなければならない水準に到達していても、これは一時的な値動きではないか、少し待っていれば戻るだろうなどと都合の良い解釈をしてしまいがちです。

　そして、たまたまそれで思った通りに含み損がなくなる経験をしてしまうと、その後も含み損がなくなるまで延々と損切りラインを動かし続けるトレーダーになってしまうのです。

　こうしたリスクを排除するために、損切りの水準は必ずエントリーをする前に決めておく必要があります。

▶ (2) 利益を伸ばしてはいけない

　損切りは迅速に行い、利益確定は先延ばして利益を大きくする、いわゆ

る「損小利大」が勝利の定石のようにいわれています。

思惑と逆方向に相場が動いたら速やかに損切りして損失額を小さく抑え、狙い通りに利益が出た局面では利益確定を早まらず、じっくりと利益を大きくしてから利食いすることで、トータルの利益を大きくしようという考え方です。

この考え方自体は間違っていないと思いますが、これを狙いに行くのは危険であり、生き残るためには逆の思考にならなければなりません。**このようなルールを持ってしまうと、利益が伸びるまで放置するトレーダーになりかねないからです。**

含み益を見つめながら放置する癖がついてしまうと、含み損に転じたときでもまた戻るまで放置すればいいという心理状態につながってしまいます。

さらに、じりじりと含み益が伸びるのを待っている間に儲けたいという欲望が加速して、反転すると「さっきまで含み益だったのに」という悔しさにも支配されてしまい、損切りが遅れる事態につながりやすいのです。

大きな利益をとれた後、負けの回数が増えたり一度は見た含み益を取り損ねることが続くと、メンタルのボラティリティも大きくなって感情的なトレードに走りやすくなってしまいます。

また、「利大」を意識し過ぎると、ポジションを持っている時間が長くなります。前述の通り、ポジションは長く持てば持つほど、リスクは指数関数的に高まります。

勝率が悪くても利益を伸ばしてトータルで帳尻を合わせるのではなく、**研ぎ澄ましたエントリーで勝率を高め、小さな利益を積み重ねていくほうがメンタルも安定します。**

損小利大は手法ではなく結果論であり、損小利「小」のトレードを徹底し続けることで結果としての損小利「大」を実現していくのです。

▶ (3) 効率性を重視してはいけない

　ビジネスも勉強もスポーツも、世の中はあらゆることで効率性を重視しています。効率を求め、楽をすることを是とするからこそ、テクノロジーが進化し僕たちの生活が便利になってきたわけですから、トレードでも同じように効率を重視しようと考えるのは自然なのかもしれません。

　ビジネスなどで社会的に成功した人が、トレーダーとしても大成功した、という話は正直あまり聞きません。むしろ億トレーダーといわれる人たちは、ビジネスパーソンとして特筆するような経歴は持っていないことが多く、むしろ社会経験が乏しい人も少なくありません。

　それはきっと、効率性を追求して成功してきた人ほど、その思考のままトレードの世界に入ってしまい痛い目に遭うからではないかと考えています。

　効率を重視するならロット数は大きいほうがいいですし、チャンスに見えるポイントがあればもれなくエントリーした方が効率的な気がします。

　引き付けるエントリーは非効率に見えますし、長い時間トレードしたのに儲かるどころか損をするような事態は非効率的でとても許容できる状況ではありません。

　もうお分かりのとおり効率的なトレードを行うと質の悪いエントリーを連発してしまったり、損切りが遅れることにもなります。**なるべく早く楽をして大きな結果を残したいという効率性を追求する思考は、トレードの世界ではまったく通用しないのです。**

　楽をしたい、儲けたいという欲望は本能的なものなので、それを無理やり抑えつけたところで良い結果を生むわけではありません。

　儲けたい、楽をしたいという欲望に支配されそうになったとき、これが生き残りを阻む欲望なのだと自分自身を観察し、感情的なトレードをしそ

うになっている自分を抑制しましょう。

　時間をかけて、楽をせず、小さく儲け続けることが生き残るために最も必要なことだということは、頭ではわかっていても行動に反映させるのは簡単ではありません。

　心底腹落ちさせて行動を180度変えていくためには、再起できないほどの損失や恐怖、そして絶望を味わう必要があるのですが、ここまでにお伝えしたことを理解しているだけでも何も知らないトレーダーに比べれば大きなアドバンテージを持つことができます。

▶ (4) 損失を出したら喜ぶ、大儲けを出したら反省する

　利益を上げるためにトレードをやっているのに、損して喜ぶとか大儲けできたら反省するなんて、おかしいと思う方も多いことでしょう。

　でも、多くのトレーダーは、勝ち続けていると調子に乗っていきます。自分では謙虚でいるつもりでいても、内心は毎日満員電車に揺られて通勤する人たちに対して優越感を抱いたり、自分は勝ち組だといった感覚に陥ったりするようになっていきます。

　こういう状態が続くと、いつしか万能感に似た感覚を持つようになり、手出しをしてはいけない相場でエントリーしてしまったり、損切りを先送りするようなトレーダーになってしまいます。

　自分は天才トレーダーかもしれない、と思いかけていたときに大損を食らうショックは大きく、自暴自棄になってしまったり再起が難しくなるほどの精神的なショックにつながったりもします。

　しかし、致命的な損失を経験することは最終的には原点に戻ることにつながります。 自分は何年もトレードをやってきたのにいったい何を学んできたのか、なんで同じ失敗ばかりやらかしてしまうのか、毎日満員電車に乗って通勤している人のほうがよほど生産性が高いじゃないかと痛感させられるのです。

そこでようやく謙虚さを取り戻し、正しいエントリーポイントまでフライングせずに待とう、利益も１％で十分だ、という気持ちになれるのです。

　心が初心に戻っても、積み上げてきた知識量や経験はビギナーだったころより飛躍的に向上しているので、そのときを境に勝てるようになるケースはよく見られます。

　本来は大損を出すことなく、ずっと謙虚な心のままで知識と経験を積み重ねていくことが理想ですが、多くの人はときどき手痛い失敗を経験しないと初心を持ち続けることができません。

　だから、損失を出すことは勝ち続けるトレーダーになるために必要な経験なのです。

　大儲けしたときに反省するというのも同じです。

　本書では日利１％をうたっていますが、簡単に20％ぐらい稼げるような日は実際にあります。そんな日は20％稼いだっていいじゃないか、と思うかもしれませんが、それが破滅の始まりになってしまうことが往々にしてあります。

　たとえば、300万円を元手に日利１％を目標にしている人が、１日で20％を稼いでしまったら、１か月の利益目標を１日で達成してしまったことになります。そうすると、日利１％をコツコツ稼ぐのがばかばかしく感じられ始めます。

　しかも予想外の利益を得てしまった背景には、なんらかのルール破りがあることが大半です。ルールを破って大儲けする経験をしてしまうと、当然それからはルールを守らなくなるでしょう。**ルールを守らなければ、近い将来に大損します。それがトレードを続けられなくなるような事態を引き起こしてしまうのです。**

　僕たちトレーダーは瞬間的に大きな利益を出せばそれでいいのではなく、将来も持続的に稼ぎ続けなければ意味がありません。

大儲けや大損をしてメンタルの振れ幅を高めてしまう事態は、感情的な
トレードを引き起こす最も危険な導火線のひとつです。

　損は小さく、そして利益も小さく、過剰に喜んだり落ち込んだりするこ
となく淡々と利益を積み上げていくことが、持続可能なトレードにつなが
るのです。

　**ちなみに僕は、調子が良すぎるときにはあえて損失を出す、ということ
をときどきやっています。**

　偉そうにこんなことを本に書いているような人間でも、調子よく利益を
積み上げる日々が続くと「損切りをするから利益を積み上げられる、損切
りをするから謙虚にチャンスを待てる」ということを忘れてしまうことが
あるからです。

　恰好をつけた言い方になりますが、**損切りの価値を認め、損切りを愛し
続けることを忘れないためにも、損切りは必要なのです。**

▶ (5) エントリーするポイントは探してはいけない

　これについては第2章の冒頭で解説した通りで、エントリーポイントを
探すという発想そのものを逆にしなければ、トレードがストレスまみれに
なってしまいます。

　エントリーするポイントを探してしまうと、エントリー「しない」こと
がストレスになりますが、エントリーしてはいけないポイントを探せば、
エントリー「すること」をストレスに感じることができるようになり、保
守的な引き付けたエントリーができるようになります。

　**エントリーしないポイントを探し続ける姿勢に転換することで、適切な
ポイントまで待つことができる忍耐力が養われ、正しい局面に絞り込んだ
エントリーができるようになるわけです。**これができれば無駄な損切りと
はさよならできます。

▶ (6) 追加入金をしてはいけない

　損失を出して資金が減った場合、追加できる資金がない人はそのまま継続するしかありませんが、資金がある人の場合、多くは追加入金をします。

　たとえば、FXに1000万円を使ってもいいと思っている人は、だいたい最初は100万円ほどしか口座に入れておらず、それを90万円に減らしてしまったとしても、「いい勉強になった、これからが本番だ」などと言いながら、10万円を入金して元の資金額に戻すものです。

　何を隠そう、FXを始めたばかりのころの僕も、同じようなことをしていました。資金を減らしたそのときは落ち込むのですが、追加入金をすると途端に元気になれるのです。

　まるであのつらい損失が消えてしまったかのような気持ちになって、今度こそうまくいくような気になってくるのです。

　でも、こういう場合、ほとんどが同じ失敗を繰り返します。大きな損失を経験してこそ、トレーダーは成長すると前述しましたが、追加入金するとすぐに元気になってしまうので、損失の経験がまったく糧にならないのです。

　どん底まで落ち込む経験や、再起しようとしてもトラウマでエントリーのクリックができなくなるほどの苦しみを味わってこそ、その経験がトレーダーの血肉となります。

　安易に追加入金してしまうと、こうしたプロセスを全部すっ飛ばしてしまい、未来に活かせるはずの反省点がまったく価値のないただの損失になってしまうのです。

　では、資金を減らしたら追加入金をしないトレーダーはどのようにして成長していくのでしょうか。100万円の資金で日利１％を目指していた人

の資金が90万円になると、その日から1日で獲得できる利益は9000円に減ってしまいます。

　追加入金すればまた1万円稼げるのに、という悔しさを感じながら、それでも入金せずに続けていくと、いつしか9000円の利益でも十分だと思えるようになってくるのです。

　これ以上元本を減らせばますます稼げなくなるので、危ないエントリーは避け、十分に引き付けたエントリーができるようになります。利益を失わないうちに、早めの利益確定ができるようにもなっていきます。

　こうして9000円を稼いだら元本が90万9000円になって、翌日は9090円を稼ぐことができるようになります。

　こうした毎日を繰り返してコツコツと利益を積み上げ、元本を100万円に戻せたとき、「ああ、毎日こうやって利益を重ねていけばいいのか」と自分なりに構築してきたトレードスタイルを腹落ちさせることができるのです。

　ただ、何があっても絶対に追加入金してはいけないわけではありません。**重要なのは、資金を減らしている渦中で、その痛みを解消するために追加入金してしまってはいけないということです。**

　たとえば100万円を50万円にしてしまった人が、取り戻すためのリベンジトレードではなく正しいトレードでコツコツと60万円、70万円と数か月かけて着実に資金を回復させているのであれば問題ありません。

　コツコツ取り戻すことができているという実感を持てた時点で追加入金してもいいと考えています。

人間とは、わたしたちが宇宙と呼ぶ全体の
一部であり、時間と空間に限定された一部である。

わたしたちは、自分自身を、思考を、そして感情を
他と切り離されたものとして体験する。

この錯覚は一種の牢獄で
個人的な欲望や最も近くにいる人々への愛情に
わたしたちを縛りつけるのだ。

わたしたちの務めは、
この牢獄から自らを解放することだ。

それには、共感の輪を、すべての生き物と
自然全体の美しさに広げなければならない。

実質的に新しい思考の形を身につけなければ、
人類は生き延びることができないだろう。

理論物理学者
アルベルト・アインシュタイン

『アインシュタイン150の言葉 新装版』（ディスカヴァー・トゥエンティワン）
ジェリー・メイヤー、ジョン・P・ホームズより一部抜粋

おわりに
生き残るトレーダーを育てるたったひとつのキーワード

　より早く、楽をして、大きく儲けたいという心が、トレードの邪魔をしていることは、ここまで読んでくださった読者の皆さんなら、理解できていると思います。

　そして、正しいトレードの仕方を腹の底から納得するには頭で理解しているだけでは足りず、壮絶な失敗体験を要することはすでに述べた通りです。

　FXを始めたばかりの初心者は、何度も損失を出す経験を通して「楽をして儲けられるほどFXは甘くない」と気づきます。

　トレードの難しさを痛感し、自分には向いていないかもしれないとあきらめ、一度はトレードから足を洗うほどの挫折を経験し、その挫折を乗り越えたとき、謙虚な姿勢で勝ち続けるための方法を学び始めます。初心者トレーダーはこうして、中級者への階段を上り始めるわけです。

　トレードに必要な学びを重ね、中級者となったトレーダーは、もっと経験を積まなければならないという焦燥感にかられ始めます。

　知識を広げ、深めるほどにさまざまなチャートパターンも覚えるので、どんな値動きもエントリーポイントに見えてくるようになり、それがエントリーの乱発につながります。

　せっかく謙虚な姿勢で学んできたのに、結果として楽をして儲けたいという甘い考えを持つビギナーと同じ行動をとるようになり、再びマーケットに足元をすくわれることになります。

　このような経験をすると、今度は怖くてエントリーができなくなっていきます。

　あんなに頑張ってチャートを分析して、ファンダメンタルズを学び、経験を積んできたのに、それでも大損をしてしまった。やっぱりFXで勝つ

なんて無理なのではないかと思うと、チャンスだとわかっている局面でも、手が震えてエントリーができなくなります。

　それでも、あきらめきれずにチャートを見つめ続ける日を重ねていくと、やがて「あれ？」と思う瞬間がやってきます。**ここだったら、ここで欲張らなければ、百発百中で勝てそうだ、そんな局面に「しっかり」気づくのです。**

　そのような気づきが続くと、ようやくそのトレーダーは腹の底からすべてを理解します。

　楽をしようとせず、時間を惜しまずチャートを見つめ続けて、勝率が高い場面に出会ったときだけエントリーし、欲を出さずに早めに利食いを行い、小さい利益をコツコツ積み上げていくことが勝ち続けるために必要なことだったのだと知るのです。

　実は何を隠そう、これは僕の経験です。司法試験の合格を目指していたころに、FXなら勉強の合間に楽をして儲けられるのではないか、と考えてトレードを始め、たくさんの失敗と挫折を経験しながら自分なりに学びを重ねていきました。

　学びと経験を積み重ねればいつか楽をして儲けられるだろう、いつの日か多くの儲けを経験できるようになり、一生遊んで暮らしていけるだけのお金を得ることができるだろうという強欲を原動力にトレードをしていました。

　中級者になってからは比較的順調に資産を増やしてきましたが、あるとき、その天狗になった鼻をへし折られる事態に見舞われました。たった2週間で6000万円もの損失を出してしまったのです。

　そのときのことは、正直ほとんど記憶がありません。覚えているのは、立っていることができなかったことだけ。

　これまでトレードを続けてきた数年間はいったいなんだったのか、来る日も来る日も努力を重ね、1億円までもう少しというところまでたどり着

いたのに、またゼロからやり直さなければならない状態でこれからどう
やって家族を養っていけばいいのか、そういった絶望が次から次へと押し
寄せてきて、膝から崩れ落ちてしまったのです。

　妻によると、そのときの僕は脈も弱まり意識も朦朧としていたそうで、
気づけば救急車で緊急搬送されていました。

　欲望にかられたトレードでここまで叩きのめされる経験をすると、次も
また大損をしてしまうかもしれないという恐怖心で、トレードができなく
なりました。2週間で6000万円を失ったトラウマは、そう簡単には消え
ません。

　それでもあきらめきれない僕は、来る日も来る日もチャートを見つめ続
けました。こんな情けない僕に、二人の子どもたちはいつもと変わらない
無邪気な笑顔を見せてくれます。妻も、決して僕を責めることはしません
でした。そして、質素だけれど、毎日家族と食卓を囲むことができるよう
になりました。

　お金はなくても幸せな暮らしを継続できていることが、信じがたい幸運
にも思えました。

　この経験を通して、僕は気づいたのです。一生遊んで暮らせる大金を稼
ぐ必要なんてないのだと。愛する家族と、ごく普通の暮らしができれば、
それ以上何も望む必要などなかったのだと気づいたのです。

　勝率が高いポイントに絞り込んでトレードし、欲を出さずに早めに利益
を確定させ、家族が暮らしていくのに必要な利益だけをマーケットから分
けてもらう生活を続ける。それさえやっていれば、生き残ることができる
のだと、腹の底から理解することができたのです。

　そこで生まれたのが、「日利1％」のトレードなのです。

　僕の日利1％トレードのエッセンスを1冊の本にまとめることができた
今、この本の中身をひとつのキーワードに凝縮して締めくくることができ
ることに気づきました。

それが「利他トレード」です。利他とは利己の逆であり、自分だけでなく他者の幸せを求める精神です。自己中心的ではないトレードが、トレードを継続するためには必要なのだと気づいたのです。

　またきれいごとを言っている、説教じみたことを言い出した、と思う人がいるかもしれません。そもそもFXはゼロサムゲームの世界なのに、そんな利他の精神なんて発揮していたら自分が身ぐるみはがされるだけではないか、という反論もあるでしょう。

　実際の例を使って説明します。図表33のチャートは、利己的なトレードの典型例です。天井で売って大底で決済する理想のトレード、まさに神的トレードのように見えますが、これは自分だけが利益を独占する利己的なトレードです。

　図表34のチャートは、利他的なトレードです。どこが利他的なのかというと、**自分が利益確定した後で同じ方向のエントリーをした人でも、利益を出せるトレードだからです。**

　相場の上から下まで取り尽くし、富を独占するのではなく、その後に続くトレーダーにも利益を出せるよう早めに手仕舞いするトレードです。

　FXは限られたパイを市場参加者が奪い合うゼロサムゲームであることは事実ですが、**実は我々が普段目の当たりにしている人間が生きる世界すべてがゼロサムゲームといっても過言ではありません。**

　世界中の誰もが限られた資源を地球から分けてもらいながら日々の暮らしを営んでおり、日本では人口減少で縮小する市場のパイをたくさんの企業が奪い合っています。

　スポーツもビジネスも学問の世界も誰かが勝てば誰かが負けており、その敗者は敗北の経験を経ていずれ勝者に成長し、そのゼロサムゲームから学びとった経験をもとに後輩や後継者などの次世代を育てる立場を授かっていきます。

図表33：利己的なトレード

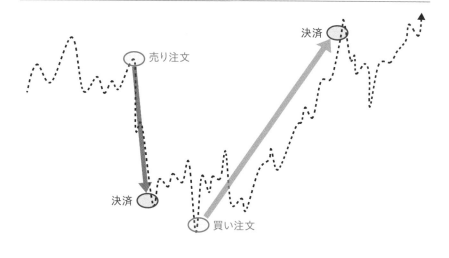

図表34：利他的なトレード

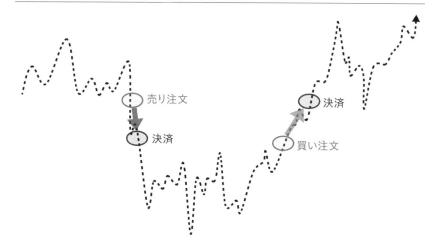

　近年はビジネスの世界でもSDGsの概念が浸透し始め、限られた市場のパイや資源を奪い合うのではなく、分け合い育てていこうという風潮が活発化してきました。

　実際、優秀な人材を採用し、業績を伸ばす企業の多くは、社会から求め

られる役割をまっとうし、よりよい社会づくりに貢献しようとする企業が中心となってきています。

　日利1％の小さな利益をコツコツと積み重ね、大きな利益は狙わない。エントリーは保守的に、利益確定と損切りは積極的に行い、必要以上に利を伸ばさない。

　このトレードは、トレーダー自身が長く生き残っていくための手法であると同時に、多くのトレーダーがともに生き残っていくための手法でもあるのです。

　利己的なトレードを目指す人は、おそらく何億稼いでも満足することはありません。

　そして、飛びつき買いをしたり感情的になって負けを取り戻そうとしたり、なるべく利益を大きくしようとしたり、ログインしてすぐにエントリーしようとしたりします。

　これらはすべて強欲がもたらす破滅的なトレードであり、短期的な利益にはつながったとしてもいつかはマーケットから退場させられます。

　つまり、このトレーダーの世界では、利己的で自己中心的なトレーダーから利他的なトレーダーにお金が移動し続けているように感じるのです。

　市場で生き残るためには、大衆トレーダーたちの思考と逆の思考になることが求められています。すべてその逆を思考することで見えてくる世界は利他的な世界なのです。

　相場の格言に「頭と尻尾はくれてやれ」という有名なフレーズがありますが、頭と尻尾だけでなく、もう少しおいしい部分までも皆と分かち合う、そんな利他的で持続可能なトレードを習慣づけることが、結局は偽善的でもなんでもなく、自分自身が相場で長く生き残っていくための近道だと感じるのです。

　FXに挑戦しようとする読者の皆さんが、いつまでもマーケットで生き続け、日々の幸せを実感するために、本書が少しでも役に立つことができればうれしく思います。

　2023年6月　　　　　　　　　　　　　　　　　　　NOBU塾

潤沢な愛情とチャンスを「懲りずに」与え続けてくれた我が父と母、そして弟に感謝を込めて

膝から崩れ落ちる程のどん底の生活を力強く支えてくれた我が妻と子供たちに感謝を込めて

眼の前に見えている万物や起きる出来事には

すべて プラスの意味がある。

自分への愛あるメッセージがその中に 隠 れている。

失敗、不安、挫折、恥の姿で現れたかれらを
敵対視してはいけない。

かれらは、自らを成長させるために

存在 してくれているのだ。

だから、どんなときもすべてに 感謝 しよう！

NOBU塾 NOBU

NOBU塾流　日利1%トレードの掟21

日利1%トレードの特に重要な部分を21の掟としてまとめました。
コピーするなり書き出すなりして目に見えるところに置いて、迷いや不安が生じたらここに戻ってくるようにしてください。

1　時間帯ごとの値動きのクセに逆らうな

2　逆張りエントリーは十分に引き付けてから

3　順張りエントリーは「2度目のブレイクアウト」か「ダマシ」を待ってから

4　損失を取り戻そうとするな

5　利益を伸ばそうとするな

6　値動きが急加速したら逆張りエントリーはNG

7　ダマシはトレーダーの味方、騙される側に立つのではなくダマシを活用する

8　レンジ相場でトレードはするな

9　上がりそうだから買う、下がりそうだから売る、という大衆的思考には乗らない

10　利益確定は必ず水平線の「手前」で行う

11　引き付けるエントリーの損切りは「15分足下(上)ヒゲ平均幅＋α」

12　追いかけるエントリーの損切りは「前回安値(高値)を超えた瞬間」

13　1時間以内に2回連続で損切りしたらその日のトレードは即終了

14　1時間以内にフルレバレッジで2回エントリーし始めたら
　　その日のトレードは即終了

15　想定時間以内に利益確定・損切りポイントに到達しなかったら
　　損益関係なく決済する

16　他通貨ペア、経済指標発表、株価の動き、時間、長時間足の環境を常に
　　把握しておく

17　水平線は目安であり、固執してはいけない

18　上がり続けているとき、
　　下がり続けているときは「グインダウ現象」が現れるまで逆張りNG

19　現在値から上がることも下がることも両方イメージできるときは
　　エントリーNG

20　エントリーポイントを探すのではなく、
　　エントリーしてはいけないポイントを探し続ける

21　常に「利他の心」を持ち続ける

NOBU塾（のぶじゅく）

プロトレーダー兼YouTuber。

1981年、福井県生まれ。

大学卒業後、2005年に野村證券に入社。その後、ソニー生命や会計事務所を経験し、現職に至る。

数々の試練を乗り越え、「日利1%トレード」という独自の手法を編み出す。トレードや金融・経済の最新情報をYouTubeで発信し、現在の登録者数は20万人を突破。

「誰もがトレーダーになればお金の悩みは解決できる」という信念から、自分のやりたいことを叶えられない若者や、老後の不安を感じる人々に向けて情報発信を続けている。

本書において著者に支払われる印税（税引後利益）は、児童養護施設に全額寄付されます。

カバーデザイン：西垂水敦・
　　　　　　　　内田裕乃（krran）

本文デザイン：二ノ宮匡

編集協力：森田悦子

DTP：エヴリ・シンク

日利1%FX
鉄壁の不動心トレード

2023年6月2日　初版発行
2023年7月20日　3版発行

著者　　NOBU塾

発行者　山下直久

発行　　株式会社KADOKAWA
　　　　〒102-8177　東京都千代田区富士見2-13-3
　　　　電話0570-002-301(ナビダイヤル)

印刷所　凸版印刷株式会社
製本所　凸版印刷株式会社